달려라 논리 ①

★★ 모든 길은 논리로 통한다 ★★

달려라 논리

1

★★ 모든 길은 논리로 통한다 ★★

창비

'달려라 논리'를 펴내며

이 책은 시험 성적을 올리는 묘수를 제공하는 책은 아닙니다. 그러니 안타깝지만 이 책을 읽고 나서 단숨에 시험 성적이 올라간다고 보장해 드릴 수는 없겠습니다. 보통은 시험에 도움이 되라고 공부를 하지요. 특히 논리책을 읽으면 글쓰기가 유려해질 거라고들 믿습니다. 물론 도움이 될 겁니다. 하지만 수사적인 표현과 멋들어진 문장을 쓸 수 있게 되는 것은 아닙니다. 논리는 그보다 훨씬 근원적인 차원에서 여러분의 삶에, 공부에, 글쓰기에 도움이 됩니다. 문제를 풀면 답만 아는 것이지만, 논리를 알면 전부 아는 것이라고 감히 말씀드릴 수 있는 이유입니다.

우리가 살아가는 데는 무슨 직업을 가졌든, 어떻게 살든 꼭 필요한 것이 두 가지 있습니다. 하나는 체력이고 다른 하나는 사고력입니다. 체력이 없이는 무슨 일도 제대로 해낼 수 없습니다. 아무리 시험 성적이 높아서 좋은 대학을 나오고 좋은 직장을 얻는다 해도 몸이 허약하면 무슨 소용이 있겠습니까? 체력이 뒷받침되어야 일을 해도 잘할 수 있습니다. 그러니 여러분 같은 나이에는 체력을 기르는 것이 매우 중요합니다. 청소년기가 평생 체력을 좌우하니까요. 체력을 기르기 위해서는 규칙적인 식사, 충분한 수면, 운동이 필요합니다. 특히 운동을 게을리하지 않아야 근육이 키워지고 오랫동안 체력을 유지할 수 있겠지요.

그런데 다리 근육을 발달시키기 위해서, 무조건 많이 뛰면 되는 것일까요? 그보다는 체계적으로, 제대로 운동하는 것이 효율적입니다. 전문가의 지도에 따라 꾸준히 해야겠지요. 사고력은 '정신의 근육'이라고 할 수 있습니다. 반복해서 연습해야 비로소 단련되거든요. 사고력도 다리 근육처럼 꾸준히 체계적으로 훈련하지 않으면 제대로 균형 있게 발달하지 않습니다. 아무리 책을 많이 읽고 토론도 열심히 해 보고 정성껏 글을 쓴다고 해도 논리적인 사고력을 기르지 않으면 꿰지 않은 서 말의 구슬과 같습니다.

사람은 체력과 사고력 없이는 살아갈 수 없습니다. '달려라 논리' 시리즈는 무엇을 어떻게 해야 올바른 생각을 할 수 있는지 여러분에게 제대로 보여 주고자 합니다. 아무쪼록 체력과 함께 사고력도 길러 더 좋은 삶을 누리길 바랍니다.

2014년 11월

탁석산

1

생각에도 길이 있다

피할 수 없는 것,
생각

   늦여름의 마지막 더위가 아직 거리에 남아 있는 오후입니다. 사람들은 이제 곧 다가올 선선한 가을 날씨를 떠올립니다. 아무리 더위가 머무르려 애를 써도 차츰 기온이 내려갈 테고 낙엽이 지기 시작하리라는 것을 압니다. 짧은 가을을 아쉽게 뒤로하면 조만간 머리카락조차 꽁꽁 얼릴 만큼 매서운 겨울바람이 불어닥치겠지요.

   계절의 순환은 피할 수 없습니다. 그것이 자연의 순리이기 때문입니다. 사람도 자연의 일부로 살아가는 한, 피할 수 없는 것들이 있지 않을까요? 숨을 쉬어야 하고 밥을 먹어야 하고 잠을 자야겠지요. 이렇듯 살아가면서 이것만큼은 하지 않을 수 없다고 손꼽히는 것 중 하나는 틀림없이 '생각'일 것입니다. 사람이라면 생각하지 않으며 살아갈 수 없기 때문입니다. 아무리 생각이 모자라는 사람이라고 해도 역시 무언가를 생각하는 것만은 분명합니다.

아무것도 생각하지 않는 사람을 현실에서 찾기는 어려워 보입니다. 예를 들어 볼까요. 이 책을 처음 보았을 때 여러분은 아마 어떤 생각이든 했을 겁니다. '읽을까, 말까.' 아니면 '난 책이라면 질색이야.'라고 생각했을 수도 있습니다. 하다못해 '아, 책이구나.' 하는 생각이라도 했겠지요.

어떤 내용이든 여러분은 이 책에 대해 생각을 했을 겁니다. 책을 바라본 순간 진짜 아무 생각도 안 들었다고 말할 수도 있지요. 하지만 그것 또한 '책이라는 건 나에게 아무짝에도 쓸모없는 물건이야. 그러니까 생각할 필요조차 없지.'라고 평소에 생각한 결과일지도 모릅니다.

지금 이 순간 아무 생각도 하지 말아 보자고 결심할 수도 있겠지만, 그 결심조차 생각일 정도이니까요. 그만큼 생각에서 벗어날 수 없는 것입니다.

우리가 살아가는 데 생각이 꼭 필요하고 벗어날 수도 없다면, 이왕 생각하는 김에 제대로 하는 편이 좋겠지요. 그런데 생각에도 길이 있다고 합니다. 저는 이 책에서 바로 이 생각의 길에 대해 이야기하려고 합니다.

하늘의 길과
바다의 길

햇볕이 운동장에 내리쬐고 있습니다. 운동장의 모래마저 열기를 피하려 땅으로 파고드는 듯합니다. 땀이 눈썹을 타고 흘러내립니다. 가을이 되었는데도 왜 이렇게 더울까 생각하며 하늘을 올려다봅니다. 태양은 아궁이에 들어간 것처럼 자신을 불태우고 있지만 하늘은 눈부시게 파랗습니다.

파란빛 때문에 하늘은 한층 넓어 보입니다. 마음대로 그림을 그려도 될 것 같은 파란 도화지처럼요. 이때 저 멀리서 비행기로 보이는 물체가 은빛을 반짝이며 아주 천천히 지나갑니다. 눈이 부셔서 눈썹이 찡그려지지만 내내 눈을 떼지 않고 비행기를 따

라갑니다. 비행기는 아무 소리도 내지 않고 저 높은 하늘을 새처럼 자유롭게 날아갑니다.

그런데 비행기는 정말 새처럼 어디든 맘대로 날아갈 수 있을까요? 하늘이 아주 넓으니까 비행기가 동시에 아무리 많이 다녀도 충돌할 것 같지 않습니다. 자동차와 비교해 보면 더욱 그렇지요. 땅에는 길이 정해져 있습니다. 정해진 길로만 차가 다니는데 그 수가 너무 많은 탓에 길이 막히기 일쑤지요.

비행기는 차와 달리 자유로이 다녀도 될 것 같습니다. 하늘은 끝도 없이 넓은 데다 정해진 길도 없어 보이니까요. 게다가 교통경찰도 없고요. 하지만 실제 사정은 그렇지 않습니다. 비행기도 길을 따라 날아야 합니다. 아무 곳이나 마음 내키는 대로 가는 것이 아니라 정해진 길을 엄격하게 지킵니다. 하늘에 정해진 길을 '항공로'라고 하지요. 영어로는 'airway'라고 부르는데요, 하루에도 수천 대의 비행기가 질서 있게 뜨고 내리기 위해서는 이 하늘의 길을 지켜야 합니다. 항공로는 바람의 방향과 세기, 최단 거리 등 아주 많은 요소를 계산해서 만들어진다고 합니다. 생각보다 훨씬 복잡하다더군요.

비행기는 뜰 때와 내릴 때를 빼면 구름 위로 나는데, 그곳이 공기가 안정되어 있어서 안전하게 운항할 수 있기 때문입니다. 이

구름 위 공기층을 '성층권'이라고 부르지요. 비행시간에 따라서, 어느 방향으로 움직이느냐에 따라서 '성층권' 안에서도 비행길이 달라집니다. 하늘에는 몇 개의 층으로 된 고속도로가 있다고 여겨도 될 것 같습니다.

바다도 하늘과 마찬가지입니다. 바다를 처음 보았을 때 어떤 기분이 들었습니까? 바다도 하늘처럼 끝없이 넓어 보입니다. 배 한 척이 지나다녀 봐야 눈에 잘 띄지도 않습니다. 그래서 배 한 척만 있으면 바다 어디라도 갈 수 있겠다는 생각이 듭니다. 하지만 역시 생각뿐입니다. 바다에도 하늘과 마찬가지로 정해진 길이 있거든요. 이것은 '해로'라고 부릅니다. 바다에는 암초가 많은 곳도 있고 해류가 급한 곳도 있어 아무렇게나 다니면 위험합니다. 그래서 다니는 길이 정해져 있고, 이 길을 따라가야 안전하고 빠르게 도착할 수 있지요.

하늘의 길, 바다의 길만 있는 것은 아닙니다. 짐승들이 다니는 길도 있습니다. 아마도 텔레비전에서 섬의 깎아지른 듯한 절벽에 사는 염소를 본 적이 있을 겁니다. 염소가 아니더라도 척박한 환경에 살고 있는 동물들을 한 번쯤 봤겠지요.

그런데 얼핏 생각하면 이 동물들도 아무 데나 갈 수 있어 보입니다. 교통 신호에 걸리는 것도 아니고 신호를 어겼다고 경찰한테 딱지를 떼이는 것도 아니니 자신이 원하는 대로 다닐 수 있지 않겠습니까? 하지만 실제로는 그렇지 않다고 합니다. 짐승들도 다니는 길이 정해져 있다고 하네요. 먹이를 구하기 쉬우면서도 안전한, 자기들만이 아는 길로 다니겠지요.

생각에도 길이 있다

자, 그럼 생각 얘기로 다시 돌아가 봅시다. 생각은 무엇이든 가능할 것 같습니다. 어떤 생각을 품든 내 마음이고 내 자유일 것 같습니다. 하지만 생각에도 길이 있고, 그 길로 따라가야 안전하고 빠르고 정확합니다.

친구 둘이 내기를 하고 있습니다. 지는 사람이 아이스크림을 사야 합니다. 꽤 단순한 내기입니다. 한 사람이 어떤 사물이나 상황을 이야기하면 다른 사람이 그것을 상상하는 게임입니다. 닭이 하늘을 날다가 돼지로 변한다고 말하면 그 모습을 떠올리는 겁니다.

어때요, 이런 게임이라면 영원히 끝나지 않을 것 같지요? 무엇이든 상상할 수 있을 테니까요. 아버지가 여자로 변한다든가 내가 여동생이 되는 것도 상상할 수 있지요.

그런데 이런 게임에서 언제나 이기는 비결이 있습니다. 바로 공개합니다.

민준 그럼 이번에는 이걸 상상해 봐. 그리고 어떤 모양인지 말해 줘.

지수 아무거나 내. 식은 죽 먹기지.

민준 식은 죽 먹기라고? 첫, 그럼 진짜 어려운 문제를 내 주지.

지수 얼른 해 봐.

민준 그럼 동그란 세모를 상상해 봐!

지수 (헉) 야, 그걸 말이라고 해? 넌 할 수 있어?

민준 나도 못해. 그러니까 문제로 냈지.

동그란 세모는 아무리 상상하려 해도 안 됩니다. 불을 뿜는 옥수수, 하늘을 나는 강아지, 말하는 컵 따위는 상상할 수 있지만 동그란 세모는 그려지지 않습니다. 상상이 안 되니 실제로 그릴 수도 없습니다. 이런 것을 '논리적 모순'이라고 합니다. 어려운 말처럼 들리지만 일상생활에서도 모순이라는 말은 자주 쓰입니다. 말이나 행동에서 앞과 뒤가 다른 경우에 모순이라고 하거든요. 예를 들어 엄마가 아이 앞에서는 거짓말하면 안 된다고 하더니 동네 사람들에게는 천연덕스럽게 거짓말을 한다, 그러면 모순이라고 할 수 있겠지요.

그런데 논리적 모순은 일상생활에서 쓰는 말과는 뜻이 조금 다릅니다. 논리적으로 가능하지 않다는 뜻이지요. 엄마의 행동이 모순이라는 것은 앞뒤가 다르다는 뜻이지만 동그란 세모는 아예 상상할 수도 없다는 뜻입니다.

논리적 모순은 아주 중요합니다. 생각의 길에도 막다른 골목이나 낭떠러지가 있다는 사실을 보여 주기 때문입니다. 생각으로는 무엇이든 가능할 것 같습니다. 조선 시대로 돌아간 자신을 상상할 수도 있고 인기 아이돌 가수가 된 미래를 그려 볼 수도 있습니다.

하지만 동그란 세모처럼 생각을 하다 벽에 부딪치는 경우가 있습니다. 논리적 모순이란, 생각이 잘못되었다는 것을 보여 주는 신호입니다. 우리에게 그렇게 생각하면 안 된다고 알려 주는 겁니다.

따라서 생각의 길이 어떻게 나 있는지 공부하지 않으면 안 됩니다. 교통 신호를 무시하고 달리거나 길 아닌 곳으로 다니면 위험에 빠지기 쉽습니다. 어디가 길인지 알아야 하고 어떻게 이곳에서 저곳으로 옮겨 가는지 배워야 합니다.

하늘과 바다와 땅에 길이 나 있듯이 생각에도 길이 있습니다. 하늘의 길을 항공로, 바다의 길을 해로, 땅의 길을 육로라고 부르듯, 생각의 길을 '논리'라고 일컫습니다.

생각의 길은 어떻게 닦여 왔을까?
: 논리학의 역사

그렇다면 생각의 길은 배워서 아는 것일까요, 아니면 어느 정도 태어날 때부터 지니고 있는 것일까요? 논리학을 전혀 배우지 않은 사람을 떠올려 봅시다. 그런 사람도 생각의 길을 알아서 잘 찾는다면 웬만큼 타고나는 것이라고 해야겠지요. 여러분은 어떻습니까. 논리학을 체계적으로 배운 적은 없지만 제법 논리적으로 생각하지 않나요? 쉽게 말해서 잘 따지지 않나요? 특히 맛있는 음식이 걸린 경우에는 더 그렇지요.

지수 엄마, 나 왜 피자 안 사 줘? 90점 이상 받으면 피자 사 준댔잖아.

엄마 그럼 90점 넘었단 말이니?

지수 92점 받았어. 여기 봐. 봤지? 빨리 사 줘.

이와 비슷한 경험이 여러분에게도 있을
겁니다. 엄마가 조건을 걸고 시험 잘 보라고
하는 일 말입니다. 여기서 지수는 논리에 대해
배운 적이 없어도 논법을 훌륭하게 구사했습니다. 지수의 주장
이 바로 '긍정식'이라는 논법이거든요. 지수는 긍정식이라는 말
을 들어 본 적도 없을 겁니다. 하지만 긍정식을 유용하게 써먹었
지요. 잘은 모르지만 논리적으로 따질 줄 아는 겁니다.

따로 배우지 않아도 우리는 생각의 길을 얼추 알고 있습니다.
앞으로 이 책에서는 어려운 논리학이 아니라 일상생활에서 곧바
로 쓸 수 있는 논법을 주로 다루려고 합니다. 잘 따라 읽으면, 그
동안 자기가 알아차리지 못했을 뿐 실제로 일상에서 어려움 없
이 사용해 오던 논법을 새로이 깨달을 수 있습니다. 그리고 한층
더 논리적으로 생각하는 법을 익히게 될 것입니다.

사람들이 배우지 않아도 논법을 사용하는 것은 사실이지만 언
제나 올바른 논법을 사용하는 건 아닙니다. 때로 모순이 생기고

오류에 빠지는 등 혼란이 일기도 하지요. 이런 논법들을 정리해야 학문이 됩니다. 학문이란 아주 단순하게 말해서 한 분야에 질서를 부여하는 것이니까요. 봄에 피는 노란 개나리가 어떤 꽃인지는 다들 알지요? 밝은 노란색 꽃인 개나리를 식물학에서는 '쌍떡잎식물강 용담목 물푸레나뭇과의 낙엽 활엽 관목'이라고 합니다. 식물을 형태에 따라 분류해서 질서를 부여한 것이지요. 논리학도 이렇게 사람들이 생각하는 방식에 체계를 세운 학문입니다. 누구나 긍정식을 사용하지만 논리학은 긍정식이 어떤 형식인지를 밝히고 체계를 세우는 일을 합니다.

논리학을 처음으로 세운 사람은 고대 그리스의 철학자 아리스토텔레스라고 알려져 있습니다. 그는 기원전 4세기에 살았으니 이천 년도 훌쩍 넘은 옛날 사람이군요. 아리스토텔레스는 삼단 논법을 정리하고 논리학 체계를 세웠다고 합니다. 삼단 논법이 무엇이냐고요? 아마 여러분도 들어 본 적이 있을 텐데요.

1. 모든 사람은 죽는다.

2. 소크라테스는 사람이다.

3. 따라서 소크라테스는 죽는다.

어려운 말은 아닌데 아리송하다고요? 소크라테스는 또 누구냐고요? 모르는 사람인데 죽었는지 살았는지 어떻게 알 수 있느냐고 묻는 여러분의 원성이 들리는 것 같군요. 그런데 여기서 소크라테스가 누구인지는 전혀 중요하지 않습니다. 소크라테스 대신 강아지 모모를 넣어도 상관없지요. 논법에서는 내용이 아니라 생각의 형식을 따지기 때문입니다.

그런데 이런 삼단 논법은 보기보다 다루기가 꽤 까다롭습니다. 삼단 논법은 식과 격이라는 것으로 이루어지는데, 이 두 가지 개념이 매우 복잡할뿐더러 어떤 식과 어떤 격이 결합할 때 타당한가를 놓고 따져야 하거든요. 그런데 그 가짓수가 너무 많고 어려워서 옛날 그리스 사람들도 이것 때문에 애를 먹었다고 합니다. 지금도 마찬가지입니다.

삼단 논법에서 타당한 식과 격을 찾아내기란 쉽지 않습니다. 중세 유럽 수도원에서 삼단 논법 시험을 볼 때면 엄한 감독관도 커닝을 눈감아 주었을 정도입니다. 워낙 어렵다는 것을 잘 알고 있었기 때문이라고 합니다. 커닝 페이퍼를 미리 만들어 와서 문제와 대조하며 답을 썼다는데, 신부가 되기 위해서는 꼭 논리학 시험에 합격해야 했기에 이런 일이 벌어졌다고 하네요. 삼단 논법이 그 정도로 골칫덩어리였다는 것이겠지요.

아리스토텔레스가 정립한 삼단 논법은 이천 년 동안 별다른 변화 없이 유지되었습니다. 너무나 완벽해 보였기에 근대 독일 철학자 칸트는 더 이상의 논리학은 없다고까지 말했지요.

내용이 조금 어려워졌나요? 삼단 논법이 무엇인지 자세히 설명도 하지 않은 채 너무나 완벽해 보인다는 등 겁을 주고 말았네요. 하지만 걱정하지 않아도 됩니다. 여기에서는 논리학의 역사를 아주 간단하게 살펴볼 뿐이니까 부담을 느낄 필요는 없습니다.

하던 이야기로 돌아가 보자면 20세기에 들어서자 논리학에 큰 변화가 일어납니다. 여러분, 수학 시간에 집합이 무엇인지 배웠나요? 그렇다면 이런 기호도 본 적이 있을지 모르겠네요.

($\exists x$) : 어떤 x가 적어도 하나 있다

($\forall x$) : 모든 x에 대하여

지금은 기호들의 의미를 몰라도 괜찮습니다. 앞으로 수학이나 논리학을 배워 나가면서 차차 알게 될 테니까요. 어쨌든 이런 기호를 사용하는 논리학을 '양화 논리'라고 부릅니다. 이렇게 마치 수학처럼 형식을 다루는 혁신적인 논리학이 나타나면서 아리스토텔레스의 논리학은 교육용으로 남게 됩니다. 양화 논리를 쓰

면 삼단 논법을 쉽게 처리할 수 있거든요. 양화 논리의 성립은 20세기 영국 철학자 버트런드 러셀이 주도했는데 지금은 논리학의 기본이 되었습니다. 집합도 철학자 러셀의 작품이지요. 수학 시간에 배우는 내용 중에는 현대 논리학의 작품도 꽤 많습니다. 생각보다 여러분 가까이에 현대 논리학이 자리 잡고 있지요?

잘못된 생각의 길
: 오류

논리학은 생각의 길을 알려 줍니다. 물론 그 길은 올바른 방향으로 나 있지요. 그런데 사람들은 이 올바른 길에서 쉬이 벗어나기도 합니다. 잘못 난 길이 너무 자연스럽고 편해서 그 길이 잘못되었다는 생각이 들지 않을 정도이기 때문입니다. 그러나 산에서 잘못된 길로 접어들어 계속 가다 보면 결국 위험에 처할 수도 있지요. 어떤 길로 가면 안 되는지 먼저 알아야 안전하게 산을 오를 수 있습니다. 마찬가지로 잘못된 생각의 길이 무엇인지 알아야 올바른 길도 더 명확하게 알 수 있답니다. 생각의 지도가 올발라야만 잘못된 결론을 막을 수 있습니다.

잘못된 논법을 오류라고 하는데요, 올바른 논법을 알기 위해서 먼저 오류에 대해 알아 두는 것이 좋습니다. 여러분, 혹시 남몰래 누군가를 짝사랑한 적 있나요? 에구, 지금도 그렇다고요. 좀 슬프지만 이런 상황을 한번 가정해 보지요. 아직 내 마음을 제대로 전하지 못하고 끙끙 앓고 있는데 어느 날 그 상대가 갑작스럽게 나한테 선물을 줬다면 기분이 어떨까요? 가슴이 콩닥콩닥 뛰면서 아마도 이렇게 지레짐작하지 않을까요. '나를 좋아하는 게 틀림없어.' 그래서 다음에 만났을 때 과감하게 자기 마음을 밝힙니다. "나도 네가 좋아."

그런데 이게 웬일입니까. 그 사람이 선물을 준 건 전혀 그런 뜻이 아니라고 하네요. 아아, 하늘이 무너집니다. 뭐가 잘못되었을까? 누군가를 좋아하면 선물을 주지 않나? 내가 선물을 받은 것은 분명한데……. 그럼 그게 선물이 아니었나? 이런저런 생각이 들지 않을 수 없겠지요. 이럴 때 논법이 필요합니다. 생각을 정리하면 다음과 같이 되겠지요.

---

1. 누군가를 좋아하면 선물을 준다.

---

2. 그 사람이 나에게 선물을 주었다.

---

3. 따라서 그 사람은 나를 좋아한다.

결과부터 말하자면, 이런 추론이 바로 오류입니다. 형식이 잘못되었거든요. 오류 중에서도 '후건 긍정의 오류'에 해당하지요. 간단히 말하자면 '뒤의 것이 맞으므로 앞의 것도 맞다고 생각하는 잘못'이라는 뜻인데, 추론의 형식 자체가 틀렸기 때문에 애초부터 무엇을 집어넣든 타당하지 않습니다. 한마디로 길을 잘못 든 겁니다. 다른 예를 살펴볼까요.

지수가 이번 시험에서 90점 이상 받으면 엄마가 피자를 사 주기로 했다고 말했습니다. 그런데 다음 날, 지수 엄마가 피자를 사 줬다고 하네요. 그럼 지수가 90점을 넘겼겠군요. '이번에도 나보다 시험을 잘 봤나 보다. 조금 배가 아프네.' 이렇게 생각하기 쉬운데, 이 추론도 한번 정리해 봅시다. 요령은 좀 전과 그리 다르지 않습니다.

1. 지수는 90점 이상 받으면 엄마가 피자를 사 준다고 한다.

2. 지수는 엄마가 사 준 피자를 먹었다.

3. 따라서 지수는 시험에서 90점 이상을 받았다.

이 또한 앞서 든 선물의 예와 똑같이 후건 긍정의 오류를 저지른 잘못된 추론입니다. 그런데 여러분은 여기에서 살펴본 두 사례가 후건 긍정의 오류라는 것이 이해되나요? 아마 아직은 잘 모를 겁니다. 당연하지요. 후건, 긍정, 형식, 타당, 이런 용어들부터 모두 생소할 테니까요. 그래도 뭔가 이상하다, 어색하다 싶은 느낌이 든다면 다행입니다. 지금은 그런 논리적 감각만 있어도 충분합니다. 앞으로 이 책에서 하나하나 배우며 올바른 생각의 길과 함께 잘못된 생각의 길도 알아 나갑시다. 두 가지 길은 한 쌍처럼 붙어 다니니 항상 주의해야 합니다.

어려운 말들이 아무런 설명도 없이 갑자기 튀어나왔는데 계속 몰라도 된다고 하니 더 부담스럽다고요? 이해합니다. 생각을 어떻게 하는지는 알겠어도 그것을 설명하는 용어는 까다로우니까요. 이 책에서는 가장 기초적인 논리학을 다룬다더니 이렇게 어려운 말을 써도 됩니까! 조금만 기다려 주세요. 이런 용어들 또한 하나씩 차근차근 설명하겠습니다.

셈을 알면 편하다, 논리도 그렇다
: 셈본과 논리학

지수 동생 지빈이가 스티커를 사러 문구점에 갔습니다. 그런데 마음만 앞설 뿐 쉽지 않네요.

지빈   아저씨, 이 스티커 얼마예요?

가게 주인   어디 보자……. 1,150원인데.

지빈   그럼 얼마 내야 해요?

가게 주인   아무거나 내 봐.

(지빈이가 1,000원짜리를 한 장 내놓습니다.)

지빈   이걸로 되나요?

가게 주인   음, 잘 모르겠는데. 너는 아니?

지빈   아뇨, 저도 잘 몰라요.

가게 주인   그럼 잠깐 기다려라. 옆 가게 주인 데려올 테니.

지빈   네.

이런 대화가 실제로 오가는 광경을 보

기는 어렵겠지요. 계산도 하지 못하는 사람이 어떻게 장사를 하겠습니까. 게다가 요즘은 점점 셈을 못하는 아이도 찾아보기 힘듭니다. 적어도 혼자 물건을 사러 갈 정도의 나이라면 어른들처럼, 아니 오히려 어른보다도 셈이 정확한 경우가 많지요.

그런데 일상생활에서는 자연스러운 물건 사고팔기가 왜 앞의 대화에서는 잘 안 될까요? 물건을 사려는 사람과 팔려는 사람이 모두 셈을 못하는 상황이기 때문입니다. 그럼 한 사람만 셈을 할 줄 안다면 어떨까요? 상대방에게 셈을 가르쳐 줘야겠지요. 하지만 셈을 모르는 상대는 의심할 수도 있습니다. 나를 속이려는 것은 아닐까? 내가 모른다고 자기 마음대로 하지는 않을까? 따라서 거래가 잘 이루어지지 않을 가능성이 크지요.

그렇다면 어떻게 해야 거래가 문제없이 이루어질까요? 손님과 주인이 모두 미리 셈하는 법을 알고 있으면 됩니다. 그러면 우리에게 익숙한 상황이 벌어지겠지요.

지빈   아저씨, 이 스티커 얼마예요?

가게 주인   어디 보자…… 1,150원인데.

지빈	여기 1,500원 있어요.
가게 주인	그래, 거스름 350원이다.
지빈	감사합니다.
가게 주인	그래, 또 와라.

순조롭고 말끔하게 마무리되었습니다. 옆 가게 주인을 데리러 갈 일도 없었고요. 이렇게 대화가 진행되려면 두 사람 다 셈하는 법을 알고 있어야 합니다. 이 조건이 중요합니다.

물건을 사고팔 때 당사자 모두 셈을 알아야 편하고 정확하게 거래가 이루어지듯이 사람들이 생각을 주고받을 때도 당사자 모두 생각의 길을 알아야 편하고 정확하게 의사소통을 할 수 있습니다.

한 사람만 안다면 모르는 쪽은 자꾸만 의심하겠지요. 두 사람 다 모른다면 생각의 길을 아는 다른 사람을 데려와도 소용이 없을 겁니다. 애초에 생각의 길을 모르는데 새로 나타난 사람이 맞게 생각하는지 어떻게 알겠습니까? 그러니 의사소통을 잘하려면 당사자들이 모두 생각의 길을 알고 있어야 합니다.

그런데 여러분은 어떻게 셈을 그렇게 잘합니까? 너무 자연스럽게 셈을 하고 있어서 처음에 어떻게 배웠는지도 생각이 나지 않을 수 있지만, 그래도 처음 숫자를 배웠을 때를 떠올려 봅시다. 아주 어렸을 때였죠. 1, 2, 3, 4……. 어려웠을 겁니다. 1에서 10까지 세는 일조차 쉽지 않았겠지요. 1에서 10까지 틀리지 않고 세면 어른들이 손뼉을 쳐 주기도 했을 겁니다. 나중에는 덧셈도 배우고 뺄셈도 배웁니다. 뺄셈이 좀 더 어렵습니다. 그래도 거듭거듭 연습 문제를 풀어서 고비를 넘깁니다.

그다음은 무엇이 기다리고 있었나요? 맞습니다, 구구단이지요! "육 칠은 사십이."라고 한참 외우던 때가 떠오르지 않나요? 구구단을 못 외우면 마치 세상이 끝장날 것만 같았는데, 결국 숙달해 냈지요. 그러면서 곱셈을 배우기 시작했고 그것을 익히는 데도 꽤 많은 시간과 노력이 들었습니다. 세 자릿수의 곱셈 같은 것은 정신을 집중하지 않으면 안 되니까요. 하지만 곱셈으로 끝이 아니었습니다. 가장 어려운 나눗셈이 기다리고 있었으니까요. 나눗셈은 소수점까지 나와서 꽤 까다롭습니다. 연습 문제도 많이 풀었겠지요. 아직도 나눗셈할 때는 조금 떨리지 않나요?

덧셈, 뺄셈, 곱셈, 나눗셈을 다 뗐어도 쉴 수 없었습니다. 이 네 가지가 섞여 있는 문제가 나오니까요. 여러분도 고생한 기억이 생생할 겁니다. 우리는 이 네 가지 셈을 자유자재로 쓰기 위해 수많은 문제를 풀어야 했습니다.

이런 과정을 거치면서 셈본을 몸에 익히게 되었지요. 셈하는 능력은 정말 중요합니다. 요즘에는 계산기로 편하게 셈을 하는 경우가 흔하지만 뭔가 미심쩍을 때는 스스로 검토하고 맞는지 확인할 수 있어야 하기 때문입니다. 셈할 줄 아는데 좀 더 편리하게 하려고 계산기를 이용하는 사람과 아무것도 모른 채 계산기에만 기대는 사람은 전혀 다르지 않겠습니까.

논리도 마찬가지입니다. 처음에는 낯설고 어려워 보이겠지만 차근차근 배우고 익히면 셈본처럼 몸에 익을 겁니다. 어렸을 때 구구단이 어렵고 힘들었듯이 논리도 처음에는 어려울 수 있습니다. 하지만 배우다 보면 어느새 자유자재로 논리를 사용할 수 있게 될 겁니다.

생각의 길, 즉 논리를 알아야 자기 생각을 정확하고 편하게 주고받을 수 있다고 했습니다. 우리는 무엇을 통해 자기 생각을 주고받을까요? 서로 눈빛만 보아도 아나요? 상대가 미소만 지으면 어떤 마음에서 웃었는지 알 수 있나요? 물론 그럴 때도 있지만 대체로는 아니죠. 우리는 대개 말과 글로 다른 사람들과 소통합니다. 말하고 듣고 읽고 쓰는 것, 이 네 가지 언어생활로 생각과 감정을 주고받지요. 따라서 이 네 가지 언어생활에서 논리가 어떻게 작동하는지를 알아야 좀 더 효율적인 의사소통이 가능합니다.

여러분, 혹시 야구를 본 적이 있나요? 야구를 재미있게 보려면 규칙을 알아야 합니다. 규칙을 모르면 도대체 왜 공을 던지고 받는지 알 수 없어서 재미가 없습니다. 하지만 규칙을 알면, 혹은 처음에는 몰랐지만 야구 경기를 계속 보면서 하나씩 깨치면 그때부터는 경기의 흐름이 잘 보이면서 재미가 생겨납니다.

야구뿐만이 아니지요. 옛 그림도 시대 배경이나 당시에 유행하던 화풍이나 기법 등을 알면 더 잘 보이고, 피겨 스케이팅이나 리듬 체조도 어떤 기술에 어떻게 점수가 매겨지는지 알면 훨씬 더 재미있습니다. 책을 읽을 때도 마찬가지입니다. 책을 쓰는 사람은 논리를 바탕으로 글을 씁니다. 따라서 읽는 사람이 글쓴이의 논리를 따라가지 못하거나 배울 마음이 없으면 책을 읽어도 재미가 없겠지요. 규칙도 모르면서 스포츠 경기를 보는 것과 같습니다.

생각의 길을 모른다면 의사소통이 어려워질 뿐 아니라 재미도 반감됩니다. 스포츠 경기를 볼 때처럼 의사소통도 생각의 규칙을 알고 서로 자기 논리를 펼칠 수 있어야 재미있어집니다. 그러니 우리는 의사소통을 매끄럽게 잘하는 것은 물론 재미를 느끼기 위해서도 생각의 규칙을 알아야 하는 것이지요.

의사소통은 읽기, 듣기, 쓰기, 말하기라는 네 가지 언어생활을 통해 이루어집니다. 지금부터 이 언어생활들에 숨어 있는 논리를 찾아내는 법과 사용하는 법에 대해 탐구해 보겠습니다.

2

논리를 알면 책 읽기가 쉬워진다

말하기, 쓰기
vs 듣기, 읽기

갑자기 어떤 주제에 대해 말해야 하는 상황에 맞닥뜨리면 당황하기 쉽습니다. 설사 미리 준비했더라도 남 앞에 서서 말하는 일은 참 어렵지요. 이뿐만이 아닙니다. 책을 읽고 감상문을 써 오라는 숙제도 있지요. 아무리 써도 몇 줄을 넘기지 못합니다. 말하기만큼이나 쓰기 역시 어렵습니다.

말하기와 쓰기는 의사소통에서 좀 더 능동적인 활동입니다. 자기가 하고 싶은 말을 하고 자기주장을 글로 쓰니까요. 이에 비하면 듣기와 읽기는 조금 수동적인 활동입니다. 남이 하는 말을 듣고 남이 쓴 글을 읽는 것이기 때문입니다. 여러분은 어느 쪽이 더 쉽나요? 전부 다 어렵다고요. 물론 그렇기도 하지요. 그래도 그나마 조금은 수동적인 듣기와 읽기가 편하다는 사람이 많을 것 같습니다. 남의 생각을 듣거나 읽는 것이 아무래도 자기 생각을 가다듬어서 펼치는 일보다 덜 부담스러운 모양입니다.

정말 듣기와 읽기가 좀 더 수월한지는 차차 따지도록 하지요. 일단 생각을 교환하는 방법 중 여러분이 덜 부담스러워하는 것부터 다루겠습니다. 그러면서 점점 어려워하는 것으로 나아가 보지요. 자, 그럼 읽기부터 살펴볼까요.

왜 책이 재미없지?
읽어도 무슨 말인지 모르니까!

지수와 리안이가 얘기를 나누고 있네요.

지수 넌 왜 책 안 읽어? 숙제해야 하잖아.
리안 재미가 없으니까.

지수 책은 원래 재미없어. 그래도 숙제를 하려면 읽어야 하지 않나? 아니면 말고.

리안 몰라, 힘들어. 읽어도 무슨 소린지 모르겠고, 독후감 쓰려고 하면 별로 쓸 것도 없어. 암튼 힘들어.

지수 힘들어도 해야 하니까 문제지.

리안 안 읽고 숙제하는 법은 없나? 인터넷 찾아볼까?

지수 그럴 거면 책 좀 재미있게 읽는 방법 있나 좀 찾아봐.

리안 야, 그런 게 있으면 다들 책 읽겠다. 게임 안 하고.

지수 그건 그래.

재미가 없으면 책을 읽는 일은 아주 고되고 힘이 들지요. 게임을 하거나 휴대 전화로 문자 메시지를 주고받을 때는 시간 가는 줄 모르고 빠져들지만 책에는 좀처럼 재미가 붙지 않습니다.

하지만 읽지 않을 수도 없는 처지입니다. 숙제도 해야 하고 시험도 봐야 하기 때문이지요. 어쨌든 때로는 누군가 시켜서 책이나 글을 읽어야만 합니다. 그럴 때는 재미가 없을 뿐 아니라 읽어도 무슨 내용인지 정리가 되지 않아서 고생하곤 하지요.

그런데 왜 책은 재미가 없을까요? 게임은 인기가 있는데 말이에요. 물론 게임은 선명하고 화려한 시각 효과가 눈을 사로잡고, 실감 나는 음악도 귀를 즐겁게 해 줍니다. 게임을 하는 사람이 조종하는 대로 캐릭터가 반응하는 것도 게임의 재미 중 하나이지요. 그런데 게임을 하면서 들이는 생각과 고민의 양으로 주제를 좁혀 보면 어떨까요.

어떤 게임은 복잡한 규칙도 알아야 하고 전략을 세우는 일에도 골몰해야 합니다. 하지만 또 어떤 게임은 논리를 따질 겨를도 없이 반사적인 손놀림에 따라 승패가 결정되기도 합니다. 손을 전혀 쓰지 않고 생각만으로 승부를 겨루는 컴퓨터 게임이나 휴대 전화 게임은 거의 없을 겁니다. 몹시 분주하게 손을 놀려야만, 그것도 양손을 써야만 하는 게임이 많지요. 그런 게임에서는 머리보다 손의 반응 속도에 게임의 승패가 달려 있다고 할 수 있겠습니다.

반면 책을 읽으면서 부지런히 손을 움직이는 때는 거의 없습니다. 아주 정적이고 조용해서 손이 바쁠 필요가 별로 없지요. 눈만 부지런히 움직입니다. 바로 그 점이 문제입니다. 무슨 말이냐 하면, 눈보다 머리가 더 바삐 움직여야 하는데 머리는 멍한 채 그저

눈으로 책의 글자를 따라가는 경우가 많기 때문입니다. 여러분은 책을 읽을 때 얼마나 머리를 씁니까? 그런 걸 따져 본 적이 없어서 잘 모르겠다고요? 그럴 수 있겠네요. 건성으로, 눈으로만 책을 본다고 해도 여러분 잘못은 아닙니다. 책을 볼 때 얼마나 어떻게 머리를 써야 하는지 배운 적이 없을 테니까요. 독서 교육을 받았다 해도 감상문 쓰는 법을 배우는 데 치우쳐 있어 생각하면서 책을 읽는 방법을 익힌 경우는 많지 않습니다. 학교에 다닌다고 해서 모두 공부를 잘한다고 할 수 없는 것과 마찬가지이지요. 하지만 여러분도 책을 읽으며 머리 쓰는 방법을 배우면 독서의 재미를 느낄 수 있을 것입니다.

그럼 지금부터 시작해 볼까요. 우선 책을 읽을 때는 '왜?'라고 묻는 버릇을 들여야 합니다. 그냥 눈으로 읽어 나가기만 해서는 안 된다는 뜻입니다. '아, 글이 쭉 적혀 있구나. 그럼 쭉 읽어 보자.' 이런 식은 곤란합니다. 이렇게 책을 읽으면 머릿속에 남는 게 없을지도 모릅니다. 여러분이 이미 잘 알고 있는 책이라도 '왜?'라고 묻지 않으면 제대로 읽기는 어려울 겁니다. 읽지 않는 것보다야 낫겠지만, 겉으로 보이는 정보 외에 글 속에 숨어 있는 깊은 의미를 얻어 내기는 힘들어집니다.

읽기의 세 단계
: '왜?'라고 묻기, 답을 찾기, 평가하기

　여러분, 『흥부전』을 읽은 적이 있나요? 실제로 읽어 보지 않았다 하더라도 무슨 내용인지 다들 알고는 있을 겁니다. 『흥부전』하면 뭐가 생각나지요? 가난한데 자식은 많은 흥부네, 부자이지만 못된 놀부가 떠오르지요. 밥주걱으로 얻어맞은 흥부, 다리 다친 제비도 빠뜨릴 수 없고요. 제비 다리를 고쳐 주었더니 보답으로 제비가 박씨를 물어다 주었고, 박에서 나온 금은보화 덕에 흥부는 부자가 되었지만 놀부는 욕심을 부리다 쫄딱 망한다는 줄거리였지요. 책을 읽으면 줄거리가 생각나고 이런저런 이미지가 떠오르는 일은 자연스러운 현상입니다.

　그런데 이것으로 책 읽기를 끝냈다고 할 수 있을까요? 주인공을 알고 줄거리를 파악한 것만으로는 충분하지 않습니다. 물론 그런 것들도 우리에게 생각할 거리를 던져 줍니다. 하지만 기껏 시간을 들여서 책을 읽었는데 그 정도에서 멈춰 버리면 좀 아깝습니다. 워낙 유명한 이야기라 안 읽은 사람과 별 차이도 없지 않습니까? 그러니 우리는 좀 더 파고들어 가 봅시다.

☆ '왜?'라고 묻는다

　　그럼 제대로 된 읽기, 깊이 있는 책 읽기를 하기 위한 첫 단계는 무엇일까요? 그것은 앞서 말했듯이 '왜?'라고 묻는 것입니다. 『흥부전』에는 '왜?'라고 물을 수 있는 대목이 꽤 많습니다. 예를 들어 보겠습니다.

　　- 왜 놀부는 흥부를 집에서 내쫓았을까?
　　- 왜 흥부는 가난한데도 자식을 스무 명이나 낳았을까?
　　- 왜 제비가 놀부에게 물어다 준 박씨는 흥부의 것과 달랐을까?

　　이렇게 물어보는 것이 첫 단계입니다. '왜?'라고 물을 수 있으려면 책 내용을 완전히 파악하고 있어야 합니다. 줄거리는 물론이요, 전체 이야기 속에서 어떤 사건이 중요한지도 알아야 하지요.
　　여러분은 수업 시간에 질문을 곧잘 하나요? 아마 그렇지 않겠지요. 질문할 기회도 별로 없지만 기회를 얻어도 선뜻 질문하기가 참 힘듭니다. 질문해 본 적이 그리 많지 않은 데다 지금 내가 뭘 궁금해하는지 고민하는 훈련이 부족하기 때문일 겁니다.
　　『흥부전』을 읽더라도 '아아, 착하게 살자는 이야기구나.' 하고 넘어가면 마음속에 '왜?'라는 질문이 떠오를 리 없습니다. 계속해서 일부러 '왜?'라고 묻는 연습을 해야 합니다. 질문은 저절로 샘솟지 않습니다. 책을 읽으면서, 읽고 난 뒤에 반드시 마음속으로 '왜?'라는 질문을 던져 보아야 합니다. 그러다 보면 책 전체에서 무엇이 중요한지 그리고 무엇을 생각해 보아야 하는지 점차 깨닫게 됩니다.

 그런데 닭이 먼저냐 달걀이 먼저냐 같은 이야기가 될 수도 있지만, 신기하게도 억지로라도 질문을 던지다 보면 차츰 흥미가 생깁니다. 질문하기 위해서 수업 내용을 다시 정리해 볼 수밖에 없으니까요. 그러면서 무엇이 문제일까 점점 더 깊이 생각하게 되지요. 바로 이 점이 중요합니다. 질문을 던져야 비로소 생각하기 시작한다는 겁니다.

☆ 답을 찾아 적는다

그럼 『흥부전』을 읽고 떠오른 질문 중 하나를 골라 봅시다. 왜 놀부는 흥부를 내쫓았을까? 이 질문에 답을 해 볼까요.

왜 놀부는 동생을 내쫓았을까요? 기억이 나나요? 놀부가 평소에 욕심이 많아 그랬다고 답할 수 있겠지요. 부모에게서 물려받은 재산을 독차지하려고 그랬다는 답도 나올 수 있고요. 어떤 답이 나오든 놀부가 욕심이 많고 못됐기 때문이라는 것이겠지요.

하지만 『흥부전』을 다시 읽어 보면 다른 이유도 찾을 수 있습니다. 먼저 알아 두어야 할 것은 흥부전은 오래된 이야기이다 보니 여러 버전이 있다는 점입니다. 현대어로 풀어 쓴 것도 있고 핵심만 간추린 것도 있지요. 여러분이 본 책이 어떤 버전인지는 모르겠지만, 제가 읽은 책을 살펴보면 단순히 놀부가 욕심이 많다거나 성격이 못됐다는 것 말고 다른 이유도 등장합니다. 여러분도 각자 가지고 있는 『흥부전』을 다시 한 번 읽어 보면 좋겠습니다. 처음부터 이유를 생각하면서 읽었다면 시간이 절약되었겠지만, 책을 다 읽은 다음에 질문거리가 떠올랐을 때는 다시 훑어볼 수밖에 없습니다. 어쨌든 놀부의 입장에서 흥부를 내쫓은 이유를 정리하면 다음과 같습니다.

- 놀고먹는 사람은 돌봐 줄 필요가 없다.

- 지금의 재산은 모두 내가 노력해서 모은 것이니 더는 흥부네 식

  구들을 도와줄 수 없다.

- 어렸을 때 부모한테서 차별 대우를 받았다. 동생인 흥부만 귀여

  움을 받았고 나는 일만 했다.

이 이유들은 『흥부전』에 나오는 놀부의 대사를 보기 쉽게 정리한 것입니다. 어때요? 놀부의 말이 전부 믿을 만한지는 다시 따져 봐야겠지만, 일단 이것들을 보니 욕심 많고 심술궂으며 억지만 부리는 놀부라는 이미지가 많이 사라지지 않나요? 책에서 필요한 내용을 찾아서 정리했을 뿐이니 그렇게 어렵지는 않을 겁니다. 하지만 이런 요약도 처음에는 연습이 필요하지요.

책 읽기의 둘째 단계는 이처럼 '왜?'라는 질문에 대한 답을 찾는 것입니다. 지금껏 그저 놀부가 심술궂거나 욕심이 많아서 흥부를 내쫓았다고 생각한 사람이 많을 겁니다. 그러한 생각도 아예 틀린 것은 아니지만 막상 책에서 찾아보니 놀부 나름대로 이유가 있었습니다.

이제 우리가 찾아낸 답을 토대로 논증 형식을 구성하면 둘째 단계가 마무리됩니다. 논증 형식이 뭐냐고요? 그것은 '~이기 때문에 ~이다.'라고 말하는 것입니다. 처음 본다고 지레 겁먹지 맙시다. 일단 놀부가 흥부를 내쫓은 이유들로 논증 형식을 만들어 보지요. 특별한 내용을 덧붙일 필요는 없고 질문에 대한 답만 잘 정리하면 됩니다. 질문이 뭐였지요? '왜 놀부는 흥부를 내쫓았을까?'였습니다. 그러니 답은 '이러저러한 이유로 흥부를 내쫓았다.'라는 것이겠지요.

---

1. 놀고먹는 사람은 돌봐 줄 필요가 없다.

2. 지금의 재산은 모두 놀부가 스스로 노력해서 모은 것이니 더는 흥부네 식구들을 도와줄 수 없다.

3. 어렸을 때 부모한테서 차별 대우를 받았다. 동생인 흥부만 귀여움을 받고 놀부는 일만 했다.

4. 따라서 놀부는 흥부를 내쫓았다.

이렇게 '왜?'라고 묻고 그에 대한 답을 찾아 논증 형식으로 정리하는 것이 제대로 된 책 읽기의 둘째 단계입니다. 의식하지 않았을 뿐, 우리는 논증 형식을 매일 숨 쉬듯 자연스럽게 쓰고 있습니다. '쟤는 참 밥맛없어. 그래서 나는 쟤가 싫어.' 이런 것도 논증이고, '엄마 아빠는 나한테 거는 기대가 너무 커서 실망도 크다.' 이런 것도 논증입니다. 물론 좀 더 복잡한 논증도 있지만, 나중에 하나씩 차근차근 다루겠습니다.

★ 답을 평가한다

책 읽기의 셋째 단계에서는 앞서 정리한 논증을 평가해야 합니다. 놀부가 이런저런 이유를 대고 흥부를 내쫓았는데, 그냥 그렇구나 하고 넘어가는 것이 아니라 그 이유가 과연 말이 되는지 따져 보는 것이지요.

여러분, 어떻습니까? 여러분 생각에는 놀부가 앞서 제시한 이유로 동생을 내쫓는 것이 옳습니까? 놀부는 이렇게 생각했지요. 아무리 동생이라도 놀고먹는다면 도와줄 이유가 없다. 게다가 내가 부자가 되는 데 흥부는 이바지한 바가 없다. 그뿐 아니라 동생은 어렸을 때 부모님 덕분에 일도 안 하고 편하게 지낸 반면 나는 고생만 했다. 그러니 내쫓는 게 당연하다. 이렇게 생각하는 것이 정당한가요?

아니면 그래도 동생이니까 집에 있게 하는 것이 옳다고 생각하는지요. 아무리 자기가 재산을 모으는 데 도움을 준 바가 없다 해도 동생을 내쫓는 것은 옳지 않다. 형제는 남과 달라서 이해관계를 따지는 사이가 아니다. 그리고 어렸을 때 놀부가 차별받았다고 하는데, 차별은 부모가 한 것이지 동생은 잘못이 없다. 따라서 그 분풀이를 동생에게 하는 것은 잘못이다. 놀부의 생각과는 전

혀 다르지요. 그렇다면 둘 중 어느 쪽이 정당할까요?

생각이 복잡해졌습니다. 선뜻 '이쪽이 옳다!' 하고 말할 수가 없지요. 처음에는 단순히 놀부가 심술궂고 욕심이 많아서 동생을 내쫓았다고 여겼지만 이제는 상황이 조금 달라졌습니다. 놀부의 이유를 알게 되었고 과연 그 이유가 합당한지 고민하게 되었습니다. 지금 이 자리에서 옳고 그름을 판정하지는 않겠습니다. 일단 자기 나름대로 어느 쪽이 더 정당할지 고민해 보는 정도로 충분합니다.

어쨌든 이런 고민은 질문을 던진 데서 시작되었습니다. 그런 다음 질문에 대한 답을 찾아 논증 형식으로 정리해 보았고, 마지막으로 이 논증이 과연 말이 되는지를 따졌습니다. 결론은 보류해 둔 상태지만 이것이 세 단계로 나누어 살펴본, 제대로 책을 읽는 방법입니다.

이러한 과정을 거치면 책을 읽는다는 것이 단순히 줄거리를 파악하고 주인공의 이름을 외우는 데서 끝나는 일이 아님을 알 수 있습니다. 책을 읽는 것은 매우 적극적인 행위입니다. 공격적으로 질문을 던지고 그 질문에 답하고 그 답을 다시 평가해 보는 과정이기 때문입니다.

우리는 놀부가 흥부를 내쫓은 이유를 책 속에서 찾아내고 그 이유들이 옳은가를 따져 보았습니다. 아직 결론을 내리지는 않았지요. 이쯤에서 여러분이 한 가지 의문을 떠올렸을 듯합니다. '그런데 이 논증에 대해 어떻게 평가해야 하지?' 막연히 평가하려니 안갯속에서 길을 잃은 느낌일지도 모르겠네요. 물론 좋은 논증을 평가하는 기준과 방법이 있습니다. 단순히 내 기분이나 즉흥적인 생각에 따라서 판단했다가는 공정하지 않을 테니까요.

'~이기 때문에 ~이다.'와 같은 논증의 형식을 평가할 때는 앞뒤 관계가 얼마나 '좋은가'를 생각해 보면 됩니다. 앞의 이유를 듣고 뒤의 결론을 받아들일 수 있다면 '좋은 논증'입니다.

'쟤는 참 밥맛없어. 그래서 나는 쟤가 싫어.'라고 한 예를 볼까요. 쟤가 싫다. 그런데 그 이유가 밥맛없기 때문이라는 겁니다. 척 봐도 말이 안 되는 것 같습니다. 싫다는 말이나 밥맛없다는 말이나 똑같은 뜻이니까요. 이것은 '너는 나쁘니까 나빠.'라고 말하는 것과 같습니다. 그럼 '엄마 아빠는 나한테 거는 기대가 너무 커서 실망도 크다.'라는 말은 어떤가요? 이것은 훨씬 이해가 잘 되지요. 보통 기대가 크면 실망도 큰 법이니까요.

논증을 평가하는 구체적인 기준에 대한 설명은 조금 뒤로 미루겠습니다. 먼저 논리의 기초를 좀 더 튼튼히 쌓는 데 집중하지요.

지금까지 제대로 책을 읽는 방법에 대해 말했지만, 책 읽기가 재미있겠다고 흥미를 느끼기보다는 오히려 일이 많아졌다고 부담스러워할까 봐 걱정이 되네요. 역시 책 읽기는 어려워, 하고 포기하지는 않겠지요? 실망하기에는 이릅니다. 영화나 텔레비전, 게임과는 다르지만 책 역시 재미있게 읽을 수 있습니다. 논리에 너무 얽매이지 않으면서도 즐거움을 누릴 수 있는 방법이 있거든요. 뭐든지 재미가 있어야 하지 않겠습니까. 일단 책 읽는 게 재미가 있어야 질문도 하고 답도 하고 평가도 하겠지요.

독서가 즐거워지는 두 가지 방법을 소개하려 합니다. 물론 쉬운 일도 아니고 게임과 같은 스릴 넘치는 재미는 없을지도 모릅니다. 하지만 다른 곳에서는 찾을 수 없는 특별한 즐거움을 느낄 거라고 약속합니다.

독서가
즐거워지는 법

☆ 사전을 곁에 두기

여러분, 종이 사전을 갖고 있나요? 국어사전이든 영어사전이

든 다 좋습니다. 그런데 없는 경우가 많겠지요. 요즘은
사전을 거의 사지 않는 듯합니다. 참고서에서 단어
를 친절히 설명해 주고, 소설에서도 어려워 보이
는 단어는 괄호 안에 뜻풀이가 들어 있으니까요.
게다가 우리에게는 인터넷이 있습니다. 모르는 말
이 나오면 검색하면 됩니다. 종이 사전은 부피도 크고 가지고 다
니기도 불편한 데다 돈도 듭니다. 따라서 요즘 사람들은 굳이 종
이 사전을 살 필요를 느끼지 못합니다.

　하지만 책을 읽을 때 종이 사전을 옆에 두면 훨씬 재미있는 일
이 벌어집니다. 읽다가 뜻을 잘 모르겠는 단어가 나오면 사전을
한번 찾아보세요.

　어, 그런데 이렇게 묻는 목소리가 들리네요. 꼭 종이 사전일 이
유가 있나요? 어차피 의미를 알면 되는데 종이 사전을 고집할 필
요는 없지 않을까요? 하지만 모르는 단어를 자기 것으로 만들려
면 일부러 수고를 하는 편이 좋습니다. 고생하면서 익혀야 자기
것이 되거든요. 이상하게도 쉽게 얻은 것은 쉽게 새어 나가기 마
련입니다. 참고서에 친절하게 적혀 있는 단어의 뜻풀이나 웹 서
핑을 하던 도중에 검색해서 찾은 단어의 뜻은 생각보다 쉽게 머
릿속에서 증발해 버립니다. 휴대폰으로 뭔가를 검색하면 빠르고

편하지만 왠지 모르게 기억에 남지 않아 몇 번이고 같은 검색을 반복한 적이 있을 겁니다.

「거룩한 계보」라는 영화가 있습니다. 본 적이 없다고요? 상관 없습니다. 지금 하려는 이야기는 영화 제목에 나오는 어려운 단어에 대한 것이니까요. '계보'가 무슨 뜻일까요? 잘 모르겠다고요. 자, 그럼 한번 찾아봅시다. 종이 사전으로 찾기는 쉽지 않습니다. 특히 국어사전의 경우 익숙하지 않아서 꽤 뒤적거려야 할 거예요. 하지만 이 뒤적거리는 시간에 머릿속의 기억 장치가 움직이고 있습니다! 내내 '계보, 계보, 계보' 이렇게 되뇌고 있겠지요. 마침내 찾았습니다. 뜻을 보니,

---

계보: ① 조상 때부터 내려오는 혈통과 집안의 역사를 적은 책.

② 혈연관계나 학풍, 사조 따위가 계승되어 온 연속성.

이라고 되어 있습니다. 휴대폰으로 찾아도 거의 비슷한 내용이 나올 겁니다. 하지만 사전으로 찾으면 머릿속 기억 장치는 그 과정에서 몇 번이나 '계보'를 되풀이해서 입력합니다.

그런데 더 중요한 것은 그다음입니다. 새로운 어휘를 익히려면 반드시 단어장이 있어야 합니다. 단어장이 있어야 반복해서 외우

기 쉬우니까요. 새로운 단어는 최소한 일곱 번 정도 반복해야 자기 것이 된다고 하거든요.

휴대폰으로 단어를 검색하면 대체로 반복해서 외우기가 어렵습니다. 휴대폰 사전에도 단어장 기능이 있지만 내 손으로 직접 단어장에 옮겨 적는 것과는 비교할 수 없지요. 종이 사전으로 찾은 단어를 단어장에 옮기면 일단 그 자체가 한 번 더 입력하는 것이고 그런 뒤에 여러 차례 반복해서 볼 수 있습니다. 물론 단어장을 따로 만들어 둔다고 하더라도 다음에 다시 펼쳐 보아야만 의미가 있습니다. 예쁘게 베껴 쓰기만 해 놓고 잊어버리면 소용이 없겠지요.

영어의 경우를 예로 들어 볼까요. 영어 단어 'audience'를 종이 사전에서 찾을 때는 자기도 모르게 몇 번이고 철자를 발음하거나 머릿속으로 떠올릴 겁니다. 그러지 않고서는 단어를 찾을 수 없으니까요. 그러다 보면 앞뒤에 있는 다른 단어들도 자연스레 눈에 들어옵니다. 물론 인터넷으로 찾아도 그런 과정이 있을 수 있지만 훨씬 드물게 일어나겠지요.

audience를 찾은 뒤에는 단어장에 뜻풀이까지 함께 적습니다. 그러면 자기도 모르게 이미 이 단어에 많이 친숙해진 상태가 됩니다. 그리고 나중에 완전히 알 때까지 반복해 외울 수 있습니다. boy나 girl 같은 단어가 무슨 뜻인지는 다들 알고 있지요? boy 가 남자아이이고 girl이 여자아이라는 것을 하도 많이 접했기 때문에 그렇습니다. 잊어버릴 수 없을 정도로 많이 반복한다면 audience도 boy나 girl처럼 확실히 알게 됩니다. 쉬운 방법도 아니고 시간도 들지만, 무릇 수고하지 않으면 열매도 없는 법입니다.

그런데 왜 독서에서 단어를 습득하는 것이 중요할까요? 단어를 모르면 책 읽기가 힘들어지고, 그러다 보면 책 읽기에 점점 더 흥미를 잃기 때문입니다. 이렇게 단어를 알고 쓰는 능력을 '어휘력'이라고 합니다. 어휘력이 풍부하면 책 읽기가 훨씬 수월해집니다. 책에 모르는 말이 너무 많으면 어떻게 되겠습니까? 가끔 나온다면 찾아 가면서 읽을 수 있지만 너무 많이 나오면 무슨 내용인지 파악하기 어려워져서 결국 독서를 포기하고 말 겁니다.

여러분이 짐작하는 것처럼 어휘력에도 단계가 있습니다. 게임으로 따지면 사냥을 해서 경험치를 쌓고 '레벨 업'을 하는 셈입니다. 여러분은 아마도 아직 변변한 아이템도 갖추지 못한 상태겠지요. 게임을 할 때 레벨을 높여서 제대로 장비를 갖춰야 재미있듯이 독서도 어휘력의 수준을 높여야 비로소 진짜 재미를 느낄 수 있습니다. 일단 쉬운 낱말부터 정확한 뜻을 차분히 익혀서 자기 것으로 만들어 갑시다. 사전을 옆에 두고 단어장을 만들고 반복해서 외우면 더 높은 단계로 올라설 수 있습니다.

책을 읽으면서 재미를 느끼기 위해서는 어휘력이 바탕이 되어야 합니다. 그리고 일단 한번 책 읽기에서 재미를 느끼면 게임에서 점점 더 높은 단계에 도전하듯이 또 다른 책을 찾아 나서게 되지요.

☆ 몽땅 외울 정도로 좋아하는 책 딱 한 권!

책을 많이 읽으라는 말은 수없이 들었을 겁니다. 책 속에 길이 있다, 책은 마음의 양식이다…… 이런 말을 계속 듣다 보면 자기도 모르게 책을 많이 읽어야겠다는 다짐을 하지요. 물론 책을 많이 읽으면 여러모로 도움이 됩니다. 새로운 것을 알게 되어 화젯거리가 늘어나니 다른 사람과 이야기할 때 호감을 얻을 수도 있습니다. 그리고 감동적인 내용의 책을 읽고 나서 교훈을 얻거나 긍정적인 삶의 태도를 갖추게 되기도 하지요. 하지만 진정한 의미에서 책을 제대로, 많이 읽는 사람은 드뭅니다. 여러분 역시 학교에서 읽으라고 한 권장 도서를 열심히 읽고 논술 학원에 다니고 학습지를 푼 친구가 그러지 않은 친구와 별

반 다르지 않은 것을 본 적이 있지 않습니까? 앞서 말한 책 읽기의 세 단계를 따르지 않는다면 아무리 많이 읽어도 제자리걸음만 할 가능성이 큽니다. 책 읽기의 세 단계를 잘 따르면서 많이 읽기는 너무 어렵다고요? 그래서 지금부터 조금 다른 방식의 책 읽기를 여러분에게 소개하려고 합니다.

사전을 옆에 두는 것 말고도 책 읽기를 재미있고 수월하게 만들어 주는 비법이 있습니다. 정말로 좋아하는 책을 한 권 골라서 거의 외울 정도로 반복해서 읽으면 됩니다. 여러 권을 대충 읽는 것보다 오히려 거의 외울 정도로 좋아하는 책 한 권이 있는 편이 더 낫습니다. 아주 얇아도 됩니다. 주제도 상관없습니다. 다만 공룡이든 모험담이든 재미가 있어야 합니다. 재미가 없는 책을 어떻게 외울 정도로 많이 읽겠습니까.

학교 성적에 포함되는 것도 아니고 외워서 쓰기 시험이 있는 것도 아니지만, 늦어도 중학교 때까지는 거의 외울 정도로 좋아하는 책이 한 권쯤 있어야 합니다.

여러분, 노벨상을 알고 있지요. 1994년 노벨 문학상은 일본의 오에 겐자부로라는 소설가에게 돌아갔습니다. 오에 겐자부로는 초등학교에 다닐 때 어머니가 주신 『허클베리 핀의 모험』을 거의 몽땅 외울 정도였다고 합니다.

게다가 오에 겐자부로가 고등학교에 진학한 뒤에 처음으로 미국 문화 센터에 갔다가 원서를 발견했는데, 번역서를 거의 암기하고 있던 덕분에 영어 문장이 대충 읽혔다고 합니다. 꽤 두꺼운 책을 원서로 처음 보았는데도 읽을 수 있었다니 놀랍지요.

이 사례는 무엇을 말해 주나요? 책을 통째로 외웠다니 대단하다는 것일까요? 그보다 우선 영어 원서를 처음 보았는데도 얼추 읽을 만했다는 사실에 주목해 봅시다. 아마도 그는 좀 더 노력을 들여서 원서 전체를 꼼꼼히 읽었을 겁니다. 외울 정도로 좋아하는 책의 원서인데 읽지 않을 리가 없겠지요.

그렇게 다 읽었다면 그의 머릿속에서 어떤 일이 벌어졌겠습니까? 자기도 모르게 영어 문장도 외우게 되었을 겁니다. 그렇다면 영어 실력도 자연히 늘었겠지요. 꽤 두꺼운 영어 원서 한 권이 머릿속에 들어간 셈이니까요. 물론 기본적으로 다른 영어 공부도 했겠지요. 영어 단어도 외우고, 문법도 공부하면서요. 하지만 이미 영어 원서 한 권을 독파한 뒤였기에 다른 공부들도 별로 어렵지 않았을 겁니다.

심지어 오에 겐자부로는 훗날 미국과 멕시코의 대학에서 영어로 강의를 했습니다. 그것도 문학을 주제로요. 그는 일본의 시골 마을에서 자랐기 때문에 미국에 연수를 다녀오기는커녕 학원에 다닌 적도 없고 영어 테이프를 들은 적도, 원어민을 만난 적도 없습니다. 하지만 영어를 훌륭히 구사했습니다. 그 시작은 책 한 권을 거의 외우다시피 한 것입니다. 여러분은 영어 공부를 열심히 하겠지만 대부분 문법, 작문, 회화 공부를 따로따로 하고 있을 테지요. 그렇게 해도 영어에 자신이 없을지도 모릅니다. 그렇다면 머릿속에 원서 한 권을 담았던 대작가를 따라 해 보는 건 어떻습니까?

책 한 권을 머릿속에 넣어 둔다면 훗날 글쓰기나 말하기를 할 때 훌륭한 밑거름이 됩니다. 특히 『허클베리 핀의 모험』처럼 잘 쓰인 책이라면 더욱 좋겠지요. 고전은 그런 점에서 가치가 있습니다. 이미 동서고금에서 인정받은 작품이니까요. 고전에는 인생과 세상일에 대한 거의 모든 이야기가 들어 있을 뿐 아니라 대체로 그 수준이 높답니다. 그리고 매우 논리적입니다. 논리적이지 않다면 오랜 세월 사람들에게 인정받지 못했을 테니까요.

읽는다는 것은 수동적인 작업이 아닙니다. '왜?'라고 계속 물어야 하고 물음에 알맞은 답을 해야 하며 그 답이 옳은지 평가해야 하기 때문입니다. 그리고 모르는 단어가 나오면 사전을 찾아가며 익혀야 하고, 여기에 더해서 정말 좋아하는 책을 한 권쯤 외우고 있으면 더욱 좋겠지요.

효과도 있으면서 재미도 있는 독서를 하려면 이 정도 단계는 밟아야 합니다. 책이나 글을 읽는 것은 텔레비전을 보거나 휴대폰으로 재미있는 동영상을 보며 머리와 눈을 내맡기는 것보다 좀 더 생산적이며 적극적인 행위입니다. 처음에는 힘이 들겠지만 책 읽기 경험을 한 번 두 번 쌓다 보면 어느덧 '독해력'이라는 결실을 거둘 수 있을 것입니다. 그러다가 만난 한 권의 책이 여러분의 인생을 바꿀 수도 있습니다.

인터넷에도 글이 있는데
꼭 책을 읽어야 하나요?

독서가 중요하고 책을 많이 읽는 게 좋다고 하면 이런 의문을 떠올리는 사람도 많을 겁니다. '안 그래도 인터넷으로 이런저런 글을 많이 보는데 굳이 책까지 읽어야 하나?' 인터넷이 편리하긴 하지요. 그때그때 관심 가는 분야의 글을 찾아서 읽을 수 있고 수시로 최신 내용으로 업데이트도 되니까요. 하지만 책에는 그에 못지않은 특별한 매력이 있습니다.

책 한 권이 만들어지는 데는 오랜 시간이 걸립니다. 빨라도 몇 달이고, 길면 몇 년씩 걸리는 때도 있지요. 작가를 비롯해 편집자 등 여러 사람이 원고에 매달려서 완성도를 높이려고 노력합니다. 완성도를 높인다는 건 다른 말로 '논리적 오류가 없게 한다.'라고도 할 수 있습니다. 그런 까닭에 훌륭한 책은 그 자체로 가장 좋은 논리 교재인 셈이지요. 게다가 책은 인터넷에서 접하는 글에 비해 훨씬 깁니다. 그래서 부담스럽다는 사람도 있겠지만, 한 가지 주제를 깊이 파고들어 가는 매력은 책에서만 느낄 수 있습니다.

한 가지 덧붙이자면 책 특유의 느낌이 좋다는 사람도 많습니다. 책장을 넘길 때의 촉감, 소리, 냄새 같은 것 말입니다. 그게 무슨 상관이냐고요? 하지만 요즘 유행하는 전자책을 떠올려 봅시다. 전자책도 실제 책장을 넘기는 듯한 효과를 보여 주잖아요. 비논리적이라고 생각할지 모르지만 때로는 그런 감성적인 면도 중요하답니다.

3

듣기, 상대방의 논리를 가려내는 일

왜 무슨 말인지
못 알아들을까?

말하기와 쓰기가 언어생활에서 '출력'이라면, 읽기와 듣기는 '입력'에 해당할 겁니다. 뭔가 들어가는 것이 있어야 나오지 않겠습니까. 그래서 사람들이 먼저 많이 읽으라고 말하는 것이겠지요. 그런데 단순히 책에 쓰인 글을 읽기만 해서는 부족하다는 것을 앞서 살펴봤습니다.

'왜?'라고 질문을 던지고, 논증으로 답을 하고, 그 논증을 평가할 수 있어야 합니다. 이렇게 논증을 거치지 않고는 언어생활의 첫 단계인 읽기조차 제대로 되지 않습니다. 듣기는 어떨까요? 마찬가지로 듣기 역시 논증을 거쳐야만 합니다. 다음 대화는 듣기에서 논증이 왜 중요한지 보여 주는 좋은 예입니다.

민주와 엄마가 서로 옥신각신하고 있습니다. 엄마는 딸이 왜 공부를 못하는지 알고 싶은가 봅니다.

엄마 　네가 공부를 못하는 건 공부를 안 해서야. 이렇게나 공부를 안 하는데 어떻게 공부를 잘하겠니?

민주 　우리 반 1등은 공부 별로 안 해. 그래도 1등 하던데?

엄마 　아유, 안 보는 데서 다 하겠지. 어떻게 공부를 안 하는데 1등 하니? 그게 말이 돼?

민주 　아냐, 정말 공부 별로 안 해.

엄마 　됐고, 넌 왜 공부를 못하니? 방도 따로 있겠다, 엄마가 학원도 보내 주겠다, 너보고 돈 벌어 오라는 것도 아니고 그냥 공부만 하면 되는데 그걸 왜 못해?

민주 　못생겨서 그런가?

엄마 　야! 그게 말이 돼? 생긴 거하고 성적하고 무슨 상관이야!

민주 　상관있어. 예쁘면 자신감이 생겨서 공부도 열심히 하게 된단 말이야.

엄마   에이그, 말이 되는 소리를 해라, 좀!

민주   역시 유전자 탓인 거 같아. 엄마 아빠가 머리 좋아 봐, 당연히 자식도 공부 잘하지. 머리가 나쁜데 노력한다고 성적이 나오겠어?

모녀는 열심히 대화를 주고받고 있습니다. 분명히 서로 상대의 말을 듣고 자기 말을 하는 것으로 보이지요. 그런데 이야기가 그리 썩 잘 풀리는 것 같지는 않군요. 그럼 어떻게 해야 대화가 매끄러워질까요?

상대방의 말이 맞는지
판단하며 듣자

앞의 대화에서 민주와 엄마는 상대방이 무슨 말을 하고 있는지 알아들은 걸까요? 알았으니까 대화를 계속하는 것 아니냐고 되물을 수 있겠습니다. 하지만 대화를 계속 이어 나간다고 해서 상대방의 주장을 알아들었다는 뜻은 아닙니다. 서로 오해한 채로도 대화는 계속 이어질 수 있거든요.

그럼 대화를 잘하려면 어떻게 해야 할까요? 우선 상대의 말이 맞는지를 알아야 합니다. 상대의 말이 맞는지 알려면 무슨 말을 하는지부터 정확히 파악해야 하고요. 그래야 맞는지 아닌지 판단할 수 있으니까요.

무슨 말을 하는지 정확히 파악한다는 게 어떤 의미인지 알기 위해서 앞의 대화를 하나씩 뜯어봅시다.

> **엄마** 네가 공부를 못하는 건 공부를 안 해서야. 이렇게나 공부를 안 하는데 어떻게 공부를 잘하겠니?
>
> **민주** 우리 반 1등은 공부 별로 안 해. 그래도 1등 하던데?
>
> **엄마** 아유, 안 보는 데서 다 하겠지. 어떻게 공부를 안 하는데 1등 하니? 그게 말이 돼?
>
> **민주** 아냐, 정말 공부 별로 안 해.
>
> **엄마** 됐고, 넌 왜 공부를 못하니? 방도 따로 있겠다 (…)

엄마의 주장을 정리하자면 공부를 하지 않아서 성적이 나쁘다는 것이지요. 민주가 이 주장에 동의하고 있나요? 민주 역시 공부를 안 해서 성적이 나쁘다고 생각하나요? 그렇지 않습니다. 엄마의 주장과 일치하지 않는 사례를 제시하고 있습니다. 반에서 1등하는 아이가 있는데, 그 애는 공부를 별로 하지 않는다는 겁니다.

이에 대해 엄마는 곧바로 반박합니다. 안 보는 데서 열심히 했을 것이다, 공부를 하지 않는데 성적이 좋을 리가 있겠느냐, 이렇게 묻지요.

문제는 공부와 성적을 논하는 대화가 여기에서 뚝 끊기고 말았다는 겁니다. 과연 공부를 열심히 하지 않아도 좋은 성적을 받을 수 있는지에 대해서는 더 이상 논의를 이어 가지 않았습니다. 정말인지 따져 봐야 하지 않을까요? 엄마와 민주의 주장이 정면으로 충돌하고 있는데도, 엄마는 마치 아무 일도 없다는 듯 "됐고"라며 어물쩍 넘어가고 말았습니다.

그러더니 엄마는 화제를 공부하는 환경으로 옮겨 갔습니다. 이렇게 되면 대화를 나누었으되 두 사람이 합의한 결론은 없는 셈입니다. 도대체 우리는 대화를 왜 하는 걸까요? 일방적으로 자기 주장만 밀어붙이기 위해서가 아닙니다. 상대와 의견을 나눔으로써 자기가 몰랐던 바를 깨닫고 더 나은 결론을 이끌어 내기 위해서 대화를 하는 겁니다. 그런데 엄마와 민주는 서로 자기 말만 늘어놓았습니다. 상대방 이야기를 듣고서도 그것이 맞는지 아닌지 따져 보지 않습니다. 내내 똑같은 주장을 반복할 뿐입니다. 엄마는 민주에게 이렇게 두 번 말했습니다.

1. "네가 공부를 못하는 건 공부를 안 해서야. 이렇게나 공부를 안 하는데 어떻게 공부를 잘하겠니?"

2. "아유, 안 보는 데서 다 하겠지. 어떻게 공부를 안 하는데 1등 하니? 그게 말이 돼?"

어떻습니까? 이렇게 떼어 놓고 보니 엄마는 똑같은 말을 반복했을 뿐입니다. 공부를 하지 않으면 좋은 성적을 받을 수 없다는 내용이지요. '공부'라는 말이 반복해서 쓰였지만 '성적'이라는 말로 적절히 바꿔 쓸 수 있겠네요. 단어의 뜻을 이해하는 것은 크게 어렵지 않습니다. 하지만 이 주장이 맞나요? 이것을 따져야 대화가 제대로 될 겁니다. 그렇다면 민주는 엄마의 주장을 잘 따졌던가요? 민주는 다음과 같이 말했습니다.

1. "우리 반 1등은 공부 별로 안 해. 그래도 1등 하던데?"

2. "아냐, 정말 공부 별로 안 해."

민주는 반에서 1등 하는 아이가 공부를 열심히 하지 않는다고 말합니다. 이 주장을 조금 다르게 정리해 보지요. 성적이 좋지만 열심히 공부하지는 않는 경우가 있다는 뜻입니다. 엄마의 주장을 반박한 것이지요. 그리고 꽤 효과적인 근거를 들었습니다. 엄마는 성적이 좋다면 열심히 공부했을 것이라 주장하는 데 반해, 민주는 성적은 좋지만 열심히 공부하지 않는 애가 있다고 반대되는 예를 들었기 때문입니다.

엄마도 순순히 물러서지 않고 1등 하는 아이는 남들이 보지 않는 곳에서 열심히 했을 것이라고 추측합니다. 다만 딸이 그런 모습을 보지 못했을 뿐이라는 뜻이겠지요. 어디선가 공부를 열심히 할 것이라고 엄마는 확신합니다. 그래서 딸이 거듭 말합니다. "아냐, 정말 공부 별로 안 해."

논리적으로 따져 보면 이 대화에서는 민주가 이겼습니다. 이런 경우와 비교해 봅시다. 예를 들어 누군가 '10대 청소년이라면 모두 아이돌 가수를 좋아한다.'라고 했습니다. 하지만 주변에 왕년의 트로트 가수만 좋아하는 친구가 있다면 이 주장은 거짓이 되겠지요. '성적이 좋다면 그 사람은 평소에 공부를 열심히 한 것이 틀림없다.'라는 엄마의 주장도 마찬가지입니다. 이 주장은 공부를 별로 안 하면서도 성적이 좋은 아이를 근거로 들어 반박하면 거짓이 됩니다.

실제로 1등 하는 아이가 공부를 열심히 하는지 아닌지를 알 수는 없지만, 일단 민주가 엄마의 주장에 반박한 것은 효과적이었습니다. 공부를 열심히 하지 않고도 성적이 좋
은 아이가 있으므로 성적이 좋다면 열심히 공
부했을 거라는 엄마의 주장이 무너졌으니까
요. 엄마가 민주의 주장을 더 잘 반박하려면,
민주네 반에서 1등을 한다는 아이가 실제로 공부를 많이 했다는
증거를 보여야 합니다. 민주는 같은 반에서 1등 하는 아이의 생
활을 지켜볼 수 있었지만 엄마는 그렇지 않으니까요. 그런데 문
제는 엄마가 이렇게 자기가 논리적으로 졌고, 다른 근거를 찾아
반박해야 한다는 사실을 전혀 모른다는 점입니다. 아무 일도 생
기지 않은 겁니다, 엄마에게는.

　그러면 어떻게 될까요? 엄마는 다음에도 틈만 나면 자기주장
을 되풀이할 겁니다. 공부를 열심히 하지 않으면 절대로 성적이
좋아질 리가 없어. 그런데 너는 성적이 나쁘잖아? 그러니 공부를
열심히 하지 않는다는 증거야. 하지만 지금이라도 늦지 않았으
니 열심히 해! 어디서 많이 들어 본 잔소리 같지 않나요?

　간혹 어떤 부모님은 자기가 잘못된 주장을 되풀이하는 줄도
모르고 자식이 성과를 못 내는 걸 원망하다가 심지어 부모로서
자기 인생이 실패했다고까지 여기는 경우도 있습니다. 이렇게나
낙담하게 되는 이유는 어쩌면 논리의 첫 단추를 잘못 끼웠기 때

문인지도 모릅니다.

　그런데 실은 민주도 이 대화에서 자기가 이겼다는 사실을 모르고 있습니다. 엄마가 하는 말은 늘 그런 법이라 여기고 역시 자기 할 말만 반복하거든요. 엄마의 주장이 틀렸다는 사실을 알아차리지 못한 것이지요. 그러니 다음에 엄마가 똑같은 잘못을 반복하더라도 그것을 논리적으로 반박하지 않은 채 그저 잔소리라고 여기고는 피하게 될 겁니다.

　그렇게 자꾸 피하다 보면 엄마는 자신을 이해하지 못한다고 생각하게 되어 점점 사이가 멀어질지도 모르겠습니다. 흠, 이 결말 역시 좋지 않군요.

　이런 상황은 마치 셈을 할 줄 모르는 두 사람이 물건을 사고파는 것과 비슷합니다. 둘 다 셈을 할 줄 모르니 목소리를 높이는 사람이 이길 가능성이 크고, 싸움으로 번질 가능성도 매우 큽니다. 그렇겠지요. 셈이 맞는지 틀리는지 확인할 수 없는데 도대체 어떻게 합리적이고도 평화롭게 거래를 마무리 짓겠습니까?

　과연 어떻게 말했더라면 더 좋았을지, 앞의 대화를 재구성해 보겠습니다. 엄마와 민주 모두 논리에 대해 체계적으로 알고 있다고 상상해 보았습니다. 두 사람 모두 '셈을 할 줄 안다면' 조금 더 평화로운 모습이 되지 않을까요.

엄마 네가 공부를 못하는 건 공부를 안 해서야. 이렇게나 공부를 안 하는데 어떻게 공부를 잘하겠니?

민주 우리 반 1등은 공부 별로 안 해. 그래도 1등 하던데?

엄마 아유, 안 보는 데서 다 하겠지. 어떻게 공부를 안 하는데 1등 하니? 그게 말이 돼?

민주 아냐, 정말 공부 별로 안 해.

엄마 그래? 공부를 별로 안 하는데도 잘하는 애가 있다면 엄마 말이 틀린 거네. 근데 걔는 어떻게 그렇게 공부를 잘한다니? 열심히 하지도 않는다며.

민주 나도 잘은 모르는데, 머리가 좋은가 봐. 학원도 안 다니고 과외도 안 받는대. 집에 가서는 만날 소설 읽고 숙제 정도 하나 봐. 수업 시간에 집중해서 듣는다는 것 같아.

엄마 그래? 사람마다 다른 모양이네. 그럼 너도 일단 수업 시간에 집중하고, 걔만큼 머리가 좋은 것 같지는 않으니 집에 와서도 공부 열심히 하는 게 좋겠다.

민주 머리가 안 좋으니까 크게 기대는 하지 마셔. 그래도 열심히는 해 볼게.

엄마 어쩌겠니, 다른 방법이 없으니.

엄마도 공부를 잘하는 데는 여러 요인이 있다는 것을 인정하고 있습니다. 자신의 주장이 잘못되었음을 알기 때문에 공부를 잘하는 것이 노력으로만 해결되지 않는다는 사실을 받아들였지요. 이런 자세라면 훨씬 열린 대화를 나눌 수 있을 겁니다.

자, 그럼 공부하는 환경에 대한 대화도 다시 검토해 볼까요. 엄마는 이렇게 말했습니다.

"넌 왜 공부를 못하니? 방도 따로 있겠다, 엄마가 학원도 보내 주겠다, 너보고 돈 벌어 오라는 것도 아니고 그냥 공부만 하면 되는데 그걸 왜 못해?"

공부하는 환경이 좋으면 성적이 좋을 것이라는 주장이지요. 이역시 환경은 좋은데도 공부를 못하는 학생이 있다면 거짓이 됩니다.

그런데 실제로 그런 경우는 꽤 많습니다. 집이 부자라서 아쉬움 없이 학원에 다니고 과외도 받을 뿐 아니라 부모님이 교육에 대한 열정이 있어 공부에 도움이 된다면 뭐든 다 해 주는데도 성적이 별로인 학생은 뜻밖에 많습니다. 저도 많이 보았습니다. 반대로 환경이 별로 좋지 못한데도 공부 잘하는 학생 역시 있습니다.

엄마가 이런 논리적 빈틈을 알았다면 앞의 말도 아마 다음과 같이 바뀌지 않을까요.

"물론 방도 따로 있고 학원도 다니고 너보고 누가 돈 벌어 오라는 얘기도 안 한다고 해서 네가 공부를 잘한다는 보장이 있는 건 아니야. 환경이 좋아도 성적이 나쁜 애들 역시 있으니까. 하지만 할 수 있는 만큼은 노력해야 하지 않겠니? 엄마는 네가 조금 더 집중해 주기를 바란다는 말이야."

처음에 엄마와 민주는 모두 논리에 대해 잘 모르기 때문에 엉뚱한 말을 주고받습니다. 맨 처음 나왔던 대화를 다시 한 번 보겠습니다. 민주는 외모에 대해서도 얘기했지요.

엄마 됐고, 넌 왜 공부를 못하니? (…)

민주 못생겨서 그런가?

엄마 야! 그게 말이 돼? 생긴 거하고 성적하고 무슨 상관이야!

민주 상관있어. 예쁘면 자신감이 생겨서 공부도 열심히 하게 된단 말이야.

엄마 에이그, 말이 되는 소리를 해라. 좀!

민주의 주장이 그럴듯합니까? 민주는 자기 나름대로 근거를 제시했습니다. 예쁘면 자신감이 생겨서 공부를 열심히 한다는 겁니다. 이 주장을 논리적으로 따져 봅시다.

---

1. 예쁘면 자신감이 생긴다.

---

2. 자신감이 생기면 공부를 열심히 한다.

---

3. 공부를 열심히 하면 공부를 잘한다.

우선 3번은 거짓입니다. 앞에서 살펴봤잖아요. 그럼 1번은 어떤가요? 예쁘면 자신감이 붙나요? 그런 경우도 많지만, 얼굴이나 몸매가 예뻐도 다른 이유에서 자신감이 없는 사람이 실제로 꽤 있습니다. 그러니 이 주장도 맞는다고 할 수 없습니다. 언제나 예외 없이 옳아야 하니까요. 그럼 2번은 참인가요? 자신감이 있는데 공부를 열심히 하지 않는 사람도 많이 있으므로 이 주장 역시 거짓입니다.

세 가지 주장 모두 거짓이니 민주의 주장은 거짓입니다. 그런데 문제는 역시 이 주장이 거짓인 줄을 민주도 모르고 엄마도 모른다는 겁니다. 엄마가 알았다면 지적을 했을 터이고 민주가 알았다면 이런 말을 꺼내지 않았겠지요.

이렇게 따지고 보니 엄마와 민주는 각자 열심히 주장을 펼쳤지만 모두 틀린 말이었습니다. 틀린 말을 주고받으면서 그것이 틀렸다는 사실조차 알지 못했던 겁니다. 서로 몰랐기 때문에 겉으로는 문제없이 대화가 연결된 걸로 보였을 뿐입니다.

하지만 이런 잘못된 대화는 누구에게도 도움이 되지 않습니다. 서로 셈을 할 줄 모르는데 계속 물건을 사고판다면 결국 어떻게 되겠습니까? 목소리 높이기, 억지 부리기 같은 비논리적인 수단이 동원되지 않을까요? 눈물에 호소하거나 상대를 윽박지를 수도 있겠네요. 상대를 이해하는 도구인 언어를 올바르게 써서 제대로 된 언어생활을 해 나가는 경우와 비교하면 하늘과 땅 차이일 겁니다.

쫑긋 귀를
세우자

보통 쓰기보다는 듣기를 덜 부담스러워하곤 합니다. '듣는 거야 뭐가 어려워? 그냥 들으면 되잖아.' 이렇게들 생각하는 것이지요. 한마디로 말해서 수동적이라고 여기는 겁니다. 오락 영화를 보는 것과 비슷하다고 생각한달까요.

물론 어떤 영화는 마치 두껍고 지루한 책을 읽을 때처럼 재미없고 무슨 내용인지 알기 위해 한참 동안 머리를 써야 하기도 합니다. 하지만 오락 영화는 책을 읽을 때처럼 적극적으로 생각을 하지 않아도 이해할 수 있지요. 어떤 영화는 거의 편안한 휴식처럼 느껴질 정도니까요. 스크린에서 쏟아지는 빛들에 몸을 맡기고 있을 뿐이라고까지 말할 수도 있을 겁니다. 하지만 '듣기' 자체가 이런 종류의 영화처럼 수동적이라고 생각하면 큰 착각입니다.

지금부터 차근차근 듣기에 대한 오해를 바로잡아 보겠습니다. 듣기가 어렵다고 부담을 주려는 건 아닙니다. 제대로 알아야 한다는 것이지요.

듣기에 대해 탐구하기에 앞서 듣기의 종류를 짚고 넘어가겠습니다. 듣기에는 두 가지 종류가 있습니다. 하나는 강연이나 연설, 수업이고, 다른 하나는 남과 나누는 대화이지요. 우리는 먼저 강연, 연설, 수업에서 듣기의 역할에 대해 살펴보겠습니다.

강연, 연설, 수업의 공통점이 무엇인지 눈치챘나요? 모두 한 사람이 길게 이야기하는 상황입니다. 아무것도 안 하고 듣기만 하면 되니 사람들이 어렵지 않다고 생각하는 모양입니다. 이런 들기는 긴장감이 떨어지는 게 사실이지요. 그래서 조는 사람도 있고 심지어 대놓고 자는 사람까지 생깁니다. 수업 시간에 맨 뒤에 앉아 있다 보면 스르르 눈이 감길 때가 많지 않습니까. 아, 그렇다고 졸음을 참아야 해서 이런 듣기가 어렵다는 건 아닙니다.

만약 강연이든 연설이든 수업이든, 들은 내용으로 시험을 친다는 말을 들으면 어떻게 될까요? 사정이 확 달라졌으니 무슨 말을 하는지 귀를 쫑긋 세우고 들어야만 합니다. 그런데 그렇게 집중하려고 마음을 먹기만 하면 내용이 술술 잘 들리던가요? 아마 잘되지 않았을 겁니다. 집중하기도 쉽지 않고, 핵심을 잡아내는 것도 맘대로 되지 않습니다. 그러니 섣불리 듣기가 뭐가 어렵냐고 생각해서는 안 될 터입니다. 그렇다면 잘 듣기 위해 어떻게 준비해야 할까요?

가장 좋은 방법은 말하는 사람의 주장이 무엇인지를 정확히 알아내는 것입니다. 여러 사람 앞에서 혼자 삼십 분쯤 이야기한다면 뭐든 주제가 있지 않겠습니까? 예를 들어 남에게 친절을 베푸는 것이 자기 자신에게도 좋다는 주제의 강연을 들었다고 합시다.

이럴 때는 강연자의 주장을 알아차리는 것이 우선입니다. 강연이 끝나고 나서 사람들이 물어봅니다. "무슨 내용이었어?" 그때 바로 답을 하면 됩니다. "응, 남에게 잘하는 것이 자기한테도 좋다네."

그런데 주장의 결론만 기억하는 것으로는 충분하지 않습니다. 주장을 요약하고 보면 누구나 다 아는 이야기일 때가 많기 때문입니다. 여러분도 다른 사람에게 친절을 베풀라는 말은 숱하게 듣지 않았나요? 그러니 주장의 결론만을 기억하는 것은 그다지 의미가 없습니다.

중요한 것은 어떤 근거로 그런 주장을 했느냐 하는 점입니다. 왜 남에게 친절한 것이 자신에게도 좋다고 했나요? 만약 그런 이유에 대해서는 새까맣게 잊었다면 강연을 들은 의미가 별로 없다고 볼 수도 있겠습니다.

어떤 주장이든 중요한 것은 그 이유입니다. 이유를 모른다면 그것은 사실 주장도 아닙니다. 그냥 느낌일 뿐이지요. "왜 남에게 친절해야 하는데?" 하는 물음에 "몰라, 생각이 나지 않는데?" 하고 대답한다면 상대방이 무슨 말을 덧붙일 수 있겠습니까. "서로 상대에게 친절하면 양쪽 다 기분이 좋아진다고 했어. 그러니까 남에게 친절해야 한대." 이렇게 말하면 그제야 과연 그것이 맞는 말인지를 따져 볼 수 있겠지요.

어디에 집중해야 하는지 모르는 채 무작정 귀를 기울인다고 잘 듣는 건 아닙니다. 하지만 주장의 이유가 중요하다는 점을 알고 나면 그렇게까지 어렵지도 않을 겁니다. 그러면 이제 대화에서 듣기의 역할에 대해 알아보겠습니다. 앞서 조금 다루긴 했지만 이번에는 다른 예를 가져오려고 합니다. 여러분도 흔히 부모님과 부딪치는 주제가 아닐까 싶습니다. 가족 여행 문제와 대학 진학 문제입니다.

여름 휴가철이 되면 많은 가족이 여행을 갑니다. 청소년들에게는 방학이 가족 여행의 적기이지요. 물론 사정이 생겨 못 갈 때도 있고, 보충 수업을 받거나 이런저런 캠프 활동을 하느라 떠나지 못하는 경우도 있습니다. 가족 중에 여행을 싫어하는 사람이 있을지도 모르지요. 수진이네 집은 아버지가 여행을 싫어하는 것 같군요. 수진이가 여행을 떠나자고 했더니 아버지는 이런저런 이유를 대면서 거절하고 있습니다.

"수진아, 아빠 말 좀 들어 봐. 휴가철에 여행을 가면 말이야, 차가 막혀서 더운데 고생만 해. 그리고 피서지에 가면 바가지요금이 극성을 부리기 때문에 돈도 아까워. 쉬려고 여행 가는 건데, 가면 사람이 엄청 많아서 쉬기도 어렵다니까? 게다가 밤에 어찌나 시끄럽게 떠드는지 푹 자기도 힘들다고."

아버지는 '그냥' 가기 싫다고 말하지 않았습니다. 여러 이유를 들어 설득하고 있지요. 그렇다면 수진이는 아버지가 제시한 이유들이 다 일리가 있다고 인정한 뒤 타협안을 제시할 수도 있습니다.

"아빠 말이 다 맞아. 그러면 멀리 가지 말고 가까운 곳에 가서 캠핑하는 건 어때? 그럼 길도 덜 막히고 바가지요금도 심하지 않고 사람도 적어서 조용하고 좋잖아."

이 제안도 마음에 들지 않는다면 수진이 아버지는 이에 대해 반박할 수 있는 이유를 제시해야 합니다. 그러지 못하면 가까운 곳으로 캠핑을 가는 것이 합리적이겠지요. 주장할 때는 근거를 제시하고 그 근거에 대해 서로 따지고 논의하면 바람직한 결론을 이끌어 낼 수 있습니다. 그럼 다음 대화에서 주장과 근거를 가려 볼까요? 휴가보다 좀 더 까다로운 주제로군요. 바로 대학 진학입니다.

재준 아빠, 대학 가 봐야 소용이 없으니까 갈 필요 없어요.

아버지 　왜 소용이 없냐. 대학 나와야 취직을 하고 그래야 사람대접도 받지.

재준 　그건 공부 아주 잘하는 애들한테나 해당되죠. 그냥 평범한 대학 나와 봐야 별 볼 일 없어요. 취직도 안 되고, 취직해 봤자 중소기업이니까 장래가 없다고요.

아버지 　그래도 일단 대학은 가야지. 그래야 배운 걸 나중에 써먹지. 무엇을 하든 바탕이 되잖아.

재준 　하지만 공부도 못하는 저 같은 경우는 대학 가야 시간 낭비 돈 낭비예요.

아버지 　그래, 그렇다고 치자. 그럼 너 대학 안 가면 뭐 할래?

재준 　글쎄, 그게 고민이에요. 딱히 무슨 재주가 있는 게 아니라서요. 노래도 못하고 손재주도 없고 특별한 뭐가 없어요.

아버지 　그러니까 일단 공부 열심히 해서 대학에 가라. 그게 지금으로서는 최선이야.

　재준이가 아버지와 대학 가는 문제로 대화를 나누고 있습니다. 두 사람의 주장은 알기 쉽습니다. 아버지는 대학에 가라는 것이고 재준이는 대학에 갈 필요가 없다는 겁니다.

먼저 두 사람이 자기주장만 하는 경우에 어떻게 대화가 끝날지 상상해 볼까요? 근거는 제시하지 않고 주장만 거듭 내세우는 경우입니다.

아버지 글쎄, 대학에 가라니까 말이 많구나!

재준 안 간다니까요. 갈 필요가 없어요.

아버지 왜 갈 필요가 없냐? 네가 진짜 세상 물정을 모르는구나. 대학은 무조건 가야해!

재준 왜 자꾸 그러세요. 안 간다니까요. 안 가요!

이렇게 서로 주장만 되풀이한다면 결과는 뻔하지 않겠습니까. 역시 큰소리가 나고 부모에게 대든다는 말이 나올 터이고 서로 짜증만 나겠지요.

하지만 다행히 아버지와 재준이는 각자 자기주장에 대한 근거를 제시하고 있습니다. 아버지의 주장은 대학에 가야 한다는 것인데, 근거는 무엇인지 찾아 정리해 보겠습니다.

1. 대학 나와야 취직이 된다.

2. 취직이 되어야 사람대접을 받는다.

3. 무엇을 하든 생활에 바탕이 된다.

4. 특별한 재주가 없다면 대학이 가장 좋은 선택이다.

일단 근거가 제시되었습니다. 그렇다면 다음에 무엇을 해야 할까요? 읽기에서 했던 것과 마찬가지입니다. 논증에 대한 평가를 해야 합니다. 오류가 없는지, 설득력이 있는 좋은 논증인지 말입니다. 여러분은 아직 어리고 경험이 많지 않기 때문에 판단력이 떨어질 수 있습니다. 그러니 논리에 대해 알아야 하는 거고요. 좀 이르지만 논증을 판단하는 기준을 말하자면 다음과 같습니다. 전제가 참인가, 전제는 결론과 관련이 있는가, 전제가 결론을 지지하기에 충분한가, 예상되는 반박을 잠재우고 있는가.

어렵게 느껴지지요? 하지만 '참인가'에 대해서는 이미 배웠습니다. 언제든 예외가 없어야 맞는다고 할 수 있다고 말했지요. 그 밖에 다른 조건들에 관해서는 차차 배우면 됩니다. 여기서는 '듣기'라는 언어생활을 할 때도 주장에 근거가 더해진 '논증'이 중심이라는 점만 기억해 두면 충분합니다.

다시 아버지와 재준이의 대화로 돌아가면, 재준이도 대학에 갈 필요가 없다는 근거를 제시하고 있습니다.

1. 아주 좋은 대학을 나오지 못한다면 취직도 잘 안 되고, 취직하더라도 중소기업이라 별 희망이 없다.

2. 나는 공부를 못하기 때문에 좋은 대학에 가지 못한다.

3. 좋은 대학에 들어가지 못할 바에야 대학에 다니는 것은 시간과 돈을 낭비하는 일이다.

지금 바로 답을 말하지는 않겠습니다. 논리는 시험이 목적인 과목이 아니고, 이 책은 문제집이 아니니까요. 한번 자기 나름대로 판단해 봅시다. 그리고 이 책을 다 읽은 뒤에 다시 평가해 보면 좋겠습니다.

듣기에는 두 종류가 있다고 했지요? 하나는 강연 같은 일방적인 듣기이고, 다른 하나는 주고받는 대화입니다. 그런데 앞서 본 바와 같이 어느 경우든 주장과 근거에 주목하며 들어야 합니다. 주목할 뿐만 아니라 주장과 근거를 연결해 논증을 만들어 내야 합니다. 이 과정이 자연스럽게 이루어져야 제대로 들었다고 할 수 있습니다.

듣기의 묘미

잘 들어야 하는 이유는 상대방이 맞는 말을 하는지 틀린 말을 하는지 평가가 이루어져야 제대로 의사소통을 할 수 있기 때문입니다. 듣고 평가할 줄 알아야 어떻게든 대응하지 않겠습니까. 맞는 말이라면 수긍하고 받아들이면 되고, 틀린 말이라면 생각을 바로잡도록 도와줄 수 있겠지요.

의사소통하는 사람이 모두 잘 들을 줄 안다면 문제가 없습니다. 모두 잘 듣지 못하는 경우는 당연히 곤란하겠지요. 한쪽만 잘 들을 줄 알면 어떨까요? 그렇다고 해서 문제가 쉽게 해결되지는 않습니다.

앞에 나왔던 엄마와 민주의 대화를 다시 한 번 살펴볼까요. 계속 똑같은 대화가 나와서 지루하다고요? 중요한 건 대화의 '변주'이니 조금만 인내심을 가져 봅시다. 이번에는 또 다른 식으로 살펴보려고 합니다.

엄마　네가 공부를 못하는 건 공부를 안 해서야. 이렇게나 공부를 안 하는데 어떻게 공부를 잘하겠니?

민주　우리 반 1등은 공부 별로 안 해. 그래도 1등 하던데?

엄마　아유, 안 보는 데서 다 하겠지. 어떻게 공부를 안 하는데 1등 하니? 그게 말이 돼?

민주　아냐, 정말 공부 별로 안 해.

이 대화에서 민주만 논리적으로 말한다고 가정해 봅시다. 그러면 이렇게 대화가 진행되지 않을까요.

민주　아휴, 엄마도 참. 성적이 좋다면 공부를 열심히 한다고 생각하는 건 잘못된 거야. 엄마는 이렇게 생각하지? 성적이 좋으면 곧 공부를 열심히 한다는 뜻이다. 공부를 열심히 해라. 그럼 성적이 좋아질 것이다. 맞지? 그런데 이건 '후건 긍정의 오류'라고.

엄마　그래, 너 잘났다. 학교에서 배웠다고 잘난 체를 다 하네. 아무리 그래도 공부 열심히 해야 성적 좋아진다는 사실은 변치 않아. 공부 안 하려고 별 핑계를 다 대는구나.

민주　그게 아니라 논리가 그렇다니까! 논리적으로 말하고 생각해야지.

엄마　그래, 너나 그렇게 해. 너나.

어떤가요? 민주가 논리적으로 반박하려 했지만 엄마는 화를 내며 귀를 닫아 버렸습니다. 만약 엄마도 좀 더 냉철하게 논리적으로 대응했다면 대화가 다른 식으로 진행되었겠지요. 듣기를 제대로 하지 못하면 의사소통에 커다란 장애가 일어날 수 있습니다. 맞는 말인데도 못 알아들으면 싸움이 되기 쉽고, 틀린 말인데도 가려내지 못하면 큰 손해를 입을 수도 있지요. 듣기는 생각만큼 쉽지 않습니다. 무슨 주장을 하는지, 그리고 그 주장에 대한 근거는 무엇인지 알아내야 하고 그 논증이 과연 좋은 논증인지 판단해야 합니다. 오류는 없는지 살펴야 하고 만약 오류가 없다고 해도 어느 정도로 좋은 논증인지까지 판단해야 합니다. 이것이 제대로 된 듣기입니다.

어찌 보면 듣기는 읽기보다도 어렵습니다. 과정은 읽기와 매우 비슷하지만 읽기는 자기 스스로 시간을 조절할 수 있는 데 비해 듣기는 상대방과 호흡을 맞춰야 하기 때문입니다. 책을 읽을 때는 이해가 되지 않으면 쉬었다 읽을 수도 있고 다른 것을 찾아본 다음 다시 집어 들 수도 있습니다. 하지만 듣기는 전혀 다릅니다. 곧바로 이해하고 논증으로 재구성해야 합니다. 아무 때나 잠깐! 하고 상대방에게 시간을 달라고 요청할 수는 없지 않습니까. 이처럼 시간에 묶여 있는 듣기는 고도의 기술이 필요합니다.

제대로 된 듣기를 하려면 제한된 시간 안에 상대방의 말을 논증으로 재구성하고 평가할 줄 알아야 합니다. 이때 혼자만 잘 듣고 말한들 의사소통이 원활히 될 리 없습니다. 대화에 참여한 사람들 모두 논리를 제대로 쓸 줄 알아야 합니다. 듣기에 묘미가 있다면 듣는 사람과 말하는 사람의 역할이 수시로 바뀔 수 있다는 점입니다. 강연 같은 경우는 역할이 고정되어 있지만 일상 대화에서는 듣는 사람과 말하는 사람이 계속 역할을 주고받습니다. 공격과 수비를 바꿔 가면서 긴장감 속에서 게임을 하는 것과 비슷하지요. 물론 모두 승자가 되는 길을 찾는 것이 바람직한 게임이겠지요.

대화에서 듣기만 하고 가만히 있는 경우는 거의 없습니다. 꼭 할 말이 없다고 해도 들은 것에 대해 말을 건네는 편이 좋지요. 그렇다면 듣기가 잘되지 않을 때는 당연히 말하기도 잘되지 않겠지요? 듣기와 말하기는 매우 가깝게 서로 연결되어 있으니까요. 그러니 말하기에 대해서도 알아봐야 합니다. 아, 하지만 말하기를 다루기 전에 우선 쓰기부터 살펴봅시다.

왜 말하기보다 쓰기를 먼저 다루느냐고요? 그것은 논리적인 의사 표현에서는 쓰기가 말하기보다 조금 더 쉽기 때문입니다. 물론 사람에 따라 쓰기가 말하기보다 훨씬 어려울 수도 있습니다. 하지만 보통은 논리적이면서도 적절하게 말하기란 매우 힘이 듭니다. 시간 제약, 현장 분위기, 무엇보다도 한번 뱉은 말은 고칠 수 없다는 점에서 참으로 어렵습니다. 논리에 신경 쓰지 않고 부담 없이 말하는 것하고는 다른 문제입니다. 따라서 우리는 다음 장에서 조금 더 쉬운 쓰기부터 시작해 조금 더 어려운 말하기로 나아가려고 합니다.

생 각
도움닫기

잘 듣지 않으면
나라의 운명이 바뀐다

잠시 듣기에 얽힌 흥미로운 일화를 보며 쉬었다 갈까요? 기원전 7세기에 중국에서 있었던 일입니다. 여러 나라가 패권을 쥐려 다투던 춘추 시대에 제나라라는 강대국이 있었습니다. 관중이라는 뛰어난 재상의 공이 컸지요. 나이가 들어 죽음을 앞둔 관중은 왕에게 다음 세 사람만은 절대 가까이해서는 안 된다고 충고했습니다. 스스로 생식기를 자르고 환관이 된 자, 왕이 사람 고기를 먹고 싶다 하자 제 아이를 죽여 바친 자, 본래 다른 나라 사람으로 부모와 조국을 버린 채 15년 동안 돌아가지 않은 자였습니다. 이유를 묻는 왕에게 관중은 이렇게 답했지요.

"자기 자신보다 남을 더 사랑하는 사람은 없습니다. 자기 몸을 해칠 수 있는 자라면 다른 사람에게는 더한 짓을 하지 않겠습니까? 또한 자식을 사랑하지 않는 사람은 없습니다. 그런데 자식을 죽였으니 누구에겐들 그러지 않겠습니까? 부모를 사랑하지 않는 사람 역시 없습니다. 15년 넘게 부모를 내팽개쳤으니 누구에겐들 그러지 않겠습니까?"

하지만 왕은 충고를 듣지 않고 세 사람을 중용했습니다. 2년 뒤 왕이 중병에 걸리자, 이들은 누구도 왕에게 접근하지 못하게 하고는 권력을 독점했지요. 결국 왕은 굶어 죽고 말았습니다. 제나라 또한 빠르게 기울었고요. 왕이 관중의 논리적인 충고를 귀담아듣지 않았기에 벌어진 결과였답니다.

4

제대로 쓰려면 논리가 필요하다

왜 글을 쓰려면
가슴이 답답해질까?

　엄마는 오늘도 저녁을 준비합니다. 날마다 종류가 조금씩 달라지지만 큰 차이는 없습니다. 비슷비슷한 밑반찬에 된장찌개와 김치찌개가 번갈아 올라오고, 미역국이나 콩나물국도 단골 메뉴이지요. 가끔 아빠가 밥을 할 때도 있지만 식구들 저녁을 챙기는 쪽은 대체로 엄마입니다. 엄마는 전문 요리사가 아니기 때문에 맛있지 않은 때도 종종 있습니다. 그래도 엄마의 상차림은 대부분 성공이라 할 수 있습니다. 식구들이 맛있게 먹어 주니까요.

그런데 엄마는 처음부터 요리를 잘했을
까요? 날 때부터 잘하는 사람은 없습니다.
요리를 배웠겠지요. 보통은 나이가 들어 독립한
뒤에 어쩔 수 없이 배우게 된다고들 합니다. 매일 외식하거나 배
달시켜 먹는 데에도 한계가 있기 때문입니다. 돈도 많이 들고 영
양 면에서도 불균형하다 보니 건강에 도움이 되지 않으니까요.
그래서 손쉬운 요리부터 하나씩 배우는 겁니다. 물론 시간도 노
력도 많이 듭니다.

글쓰기 역시 요리를 배우는 것과 크게 다르지 않습니다. 처음
부터 잘 쓰는 사람은 없습니다. 누구나 다 배워서 쓰게 되는 겁니
다. 그리고 글쓰기도 요리처럼 배우는 사람이 모두 전문가가 될
필요는 없습니다.

요리가 직업인 전문 요리사가 있듯이 전문 작가도 있습니다.
하지만 엄마가 요리사를 목표로 밥을 짓는 것이 아니듯, 여러분
도 반드시 작가가 되기 위해 글을 쓸 필요는 없습니다. 그러니 글
을 쓸 때 지나치게 긴장하고 부담을 느낄 까닭도 없습니다. 아마
엄마도 마찬가지일 겁니다. 전문 요리사가 되려 한다면 부담스
러워서 어디 찌개라도 마음 편히 끓이겠습니까?

엄마의 요리와 여러분의 글쓰기에는 공통점이 하나 더 있습니

다. 목적이 명확하다는 점입니다. 엄마는 돈을 받고 팔기 위해서 요리를 하는 게 아닙니다. 팔릴 가능성이 크지 않기도 합니다만, 엄마가 요리하는 목적은 애초에 다른 데 있기 때문입니다. 그것은 바로 가족의 만족과 건강입니다. 엄마는 식구들만을 위해 식사를 준비합니다. 가계부를 신경 써야겠지만 이익을 남기려고 요리를 만들 필요는 없지요. 엄마는 국수 위에 계란을 반 개만 얹을지 한 개 다 놓을지 비용을 따지며 고민하지는 않습니다.

여러분이 글을 쓰는 목적은 무엇인가요? 전문 작가는 보통 다수의 독자를 예상하고 그들이 만족할 수 있도록 글을 씁니다. 심지어 다른 나라에 사는 독자까지 고려해서 글을 쓰는 경우도 있다고 하지요. 한마디로 훌륭한 작품을 만들어 세상 사람들에게 감동을 주려 합니다. 하지만 보통 사람들은 그렇게 거창한 목적을 품고 글을 쓰지는 않습니다.

그렇다면 여러분은 어느 때 글을 씁니까? 어렸을 때 쓰던 일기는 이제 거의 쓰지 않지요? 매일 쓰는 글이라곤 기껏해야 간단한 메모 정도인지도 모르겠습니다. 일기를 제외한다면, 아마 대부분 선생님이 내 준 숙제 때문에 글을 쓸 것 같군요. 그렇다면 여러분의 글을 읽을 첫 번째 독자는 매우 분명합니다. 선생님이거나 부모님이겠지요. 어른들한테 내는 글이라고 솔직한 마음을 숨긴 채

잘 보이기 위한 거짓된 글을 써서는 안 됩니다.

그런데 선생님이나 부모님이 읽는 여러분의 글은 대체로 문학 작품은 아닙니다. 가끔 시를 써 오라는 숙제가 나올 수도 있겠지만, 대체로 어떤 책을 읽고 글을 쓰라는 숙제가 많지요. 그렇다고 단순한 독후감도 아닙니다. 요즘은 단순히 책을 읽고 느낀 점을 쓰는 것에서 나아가 자기 생각을 펼쳐야 하지 않습니까? 한마디로 책이나 자료를 읽고 자기 나름대로 생각을 정리해서 써야 하는 겁니다. 마음이 편할 리 없습니다. 아, 재미난 소설을 읽고도 뭔가 생각을 해야 하다니! 이거야 어려워서 어디…….

영화를 보고 쓰는 글도 마찬가지입니다. 영화를 보고 느낀 점을 쓰라는 과제가 나왔다고 합시다. "아, 정말 끝내주는 영화였어요!" 이렇게 달랑 한 줄만 쓸 수는 없지 않습니까? 그럼 어떻게 써야 할까요? 영화가 끝내준다면 그 이유가 무엇인지 설득력 있게 적어야 합니다. 볼거리가 풍부했는지, 배우들의 연기가 뛰어났는지, 무엇이 되었든 읽는 사람이 '아, 그렇구나.' 하고 이해가 되게 만들어야 하지요.

엄마가 요리를 하는 목적은 무엇인가요? 가족의 만족과 건강입니다. 여러분이 글을 쓰는 목적은 무엇인가요? 첫 독자인 선생님이나 부모님에게 자기 생각을 제대로 드러내는 겁니다.

독후감,
쓸 게 없어!

　저는 얼마 전 소설 『레 미제라블』을 읽었습니다. 이 소설은 프랑스의 극작가였고 상원 의원을 지내기도 했던 소설가 빅토르 위고가 쓴 작품으로, 19세기에 비참하게 살던 프랑스 하층민의 모습을 담고 있습니다. 위고는 "단테가 지옥을 그려 냈다면, 나는 현실로써 지옥을 만들려 했다."라고 말했지요. 완역본이 다섯 권 짜리일 만큼 무척 두꺼운 책이었습니다. 여러분이 읽기에는 너무 길고 어려울 수도 있겠네요. 한 권으로 요약한 버전, 또는 영화나 뮤지컬, 아니면 일부 대목만 읽어도 재미를 느낄 수 있습니다. 이 책을 읽고 묵직한 감동을 느끼며 책장을 덮을 수 있으면 좋으련만, 숙제가 있네요! 이 소설의 주인공 장 발장은 배가 고파서 빵을 훔쳤는데, 그 탓에 19년이나 감옥에 갇혀야 했습니다. 과연 배고픈 사람이 먹기 위해 빵 한 조각을 훔쳤다고 해서 이렇게 큰 벌을 받아야 하는 것일까요? 바로 이런 질문에 답을 하라는 과제가 나왔습니다.

　이런 숙제를 받으면 역시 '쓰기'란 골치 아픈 일이라는 생각이 듭니다. 그냥 말로 하라면 대충 때울 수 있을 텐데, 하는 마음이

들기도 하지요. 어쨌든 숙제니까 해야 한다면, 여러분은 어떤 대답을 내놓겠습니까? 장 발장이 죄를 짓기는 했지만 19년 감옥살이를 할 만큼 심한 죄는 아니라는 의견이 있을 수 있고, 배가 고파 빵을 훔친 것은 개인의 잘못이 아니라 사회의 잘못이라는 의견도 있을 수 있습니다.

우선 입장 정리가 되어야 글을 쓸 수 있습니다. 죄가 있는지, 처벌이 가혹한지 등에 대한 자기 생각이 먼저 정리되어야 합니다. 어떤 사람들은 우선 펜을 들고 써 보라고 권하기도 합니다. 쓰다 보면 이것저것 생각이 나서 글을 완성할 수 있다는 거지요. 물론 그것도 글을 쓰는 한 가지 방법입니다. 하지만 초보가 무작정 시도했다가는 낭패를 볼 수 있습니다. 전문 요리사라면 이것저것 재료를 섞다가 새로운 요리를 만들어 낼 수도 있지만, 요리 초보가 그러다가는 죽도 밥도 안 되듯이 말입니다.

엄마라면 오늘은 카레다, 이렇게 결정을 하고 시작하지요. 그럼 한번 해 볼까, 무엇이 만들어지는지는 모르겠지만. 이런 자세로는 가족 모두 실험 대상이 될 뿐입니다. 여러분이 쓰는 글도 마찬가지입니다. 장 발장이 죄가 있는지 없는지 마음속으로 결정하고 시작을 해야 합니다. 그렇게 결정을 하고 시작했더라도 막상 글을 쓰다 보면 마음이 바뀌어 다시 쓸 때도 종종 있습니다. 그러니 애초에 아무 생각 없이 시작했다면 오죽하겠습니까.

그런데 입장 정리에 앞서 정작 이 사안에 대해 별생각이 없다면 그것이 진짜 문제입니다. 장 발장이 죄가 있는지 없는지 따위에는 별로 관심도 없고, 생각을 해 봐도 머릿속에 떠오르는 것이 없습니다. 그래서 머리를 쥐어짜다가 골치가 아프니 온갖 방법을 찾게 됩니다. 가장 먼저 눈에 띈 게 여러분의 바로 옆에 있는 인터넷입니다. 결국 인터넷에서 장 발장에 대한 내용을 찾아보고 적당히 베끼기도 합니다!

이렇게 하면 어떻게 될까요? 머릿속과 마음속에는 아무것도 남지 않을지도 모릅니다. 아무리 점수를 잘 받아도 임시방편에 지나지 않고 시간 낭비일 뿐입니다. 자기 스스로 고민을 끝까지 밀어붙이지 않고 남의 해결책부터 찾으려는 습관에서 벗어나야 합니다. 여러분은 미래를 위해서라도 제대로 글 쓰는 법을 배워야 합니다. 머릿속에 아무것도 떠오르지 않는 이유는 평소에 책을 읽으며 깊이 고민하는 훈련이 부족했기 때문입니다. 그래서 자기 생각이 없고, 결국 쓰고 싶은 말도 없는 거지요. 그러니 앞에 나온 읽기와 듣기에 더 신경을 써야 합니다. 따져 가며 읽고, 판단하며 듣는 노력이 필요합니다.

그래도 지금은 쓰기에 대해 얘기하고 있으니, 글을 쓸 수 있는 무슨 방법을 궁리해야겠지요. 장 발장이 죄가 있는지 없는지 별다른 생각이 들지 않는다면 일단 임시로 결론을 정하고 근거를 찾아가는 것도 글쓰기 방법이 될 수 있습니다. 어느 쪽인지 정할 수가 없다고요? 자기 입장이 없으니까 그럴 수 있습니다. 그렇다면 아무 쪽이나 정하고 한번 시작해 봅시다.

장 발장이 유죄라고 합시다. 그럼 왜 유죄인지 근거가 있어야 겠지요. 그 답은 어디에 있나요? 답은 『레 미제라블』이라는 책 속에서, 그리고 여러분의 머릿속에 자리한 생각의 길, 즉 논리에서 찾을 수 있습니다.

유죄라고 볼 수 있는 근거가 책에 나오는지 찾아봅시다. 일단 장 발장은 빵을 훔쳤습니다. 훔쳤다는 것 자체가 잘못 아닙니까? 남의 물건을 훔치는 건 죄입니다. 빵도 예외가 아닙니다. 하지만 문제는 정말 배가 고파서 살기 위해 훔쳤을 경우에도 꼭 처벌을 해야 하는가? 그리고 그렇게까지 무겁게 처벌해야 하는가? 하는 점이겠지요.

여기에 대답하기 위해서는 책 속의 내용만으로는 부족합니다. 평소에 이런 문제에 관심을 기울였다면 더 쉽게 글을 쓸 수 있을 겁니다. 또한 논리적으로 따질 수 있는 능력이 뒷받침되어야 좋은 글이 되겠지요.

한마디로 말하자면 논증을 만들고 평가할 줄 알아야 합니다. 주장을 하고 그 주장에 대한 근거를 논리적으로 제시하여 좋은 논증을 만들 줄 알면 글을 잘 쓸 수 있습니다. 그리고 논리적으로 쓰인 글은 독자를 설득하는 힘을 갖추게 됩니다.

만약 장 발장이 무죄라고 생각한다면 어떻게 써야 할까요? 이 경우도 마찬가지입니다. '장 발장은 무죄다.'라는 결론을 뒷받침할 근거가 무엇인지 찾아야지요. 근거는 역시 책과 여러분의 머릿속 논리에 있겠지요. 살기 위해 빵을 훔치는 것은 개인의 잘못이 아니다. 그런 사람을 만든 사회의 책임이 훨씬 크다. 누구나 굶어 죽을 상황이라면 빵을 훔쳐서라도 먹을 것이다. 이것은 비가 오면 비를 피하려고 남의 집 처마에 허락 없이 들어가는 것과 다를 게 없다. 이렇게 근거를 제시할 수도 있을 겁니다.

어느 경우든 글을 시작하기 위해서는 일단 한쪽 입장에 서야 합니다. 그리고 그에 맞는 근거를 찾고 논리로 연결해야 합니다. 장 발장을 예로 들어 좀 더 자세히 살펴봅시다.

논증을 만드는 것부터
시작하자

어느 쪽을 지지하든 일단 소설에 나온 사실들을 정리할 필요가 있습니다. 정확한 사실을 알아야 판단을 할 수 있으니까요. 소설에는 장 발장이 빵을 훔친 것과 관련해 몇 가지 사실이 언급됩니다.

1. 그에게는 일거리가 없었다. 집에는 빵이 없었다. 그런데 집안에 아이는 일곱이나 되었다.

2. 그는 주먹으로 빵집 유리창을 깨고 빵 한 덩이를 집어 가져갔다.

3. 그는 일종의 밀렵꾼이었는데 불법적인 일에 쓰이는 총을 한 자루 지니고 있었다.

4. 그는 '야간 주거 침입 및 절도' 혐의가 인정되어 5년간 힘든 노역을 할 것을 선고받았다.

5. 감옥의 관행에 따라 그는 자기 탈출 차례가 되었을 때 탈옥했으나 번번이 체포되어 결국 19년을 감옥에서 보냈다.

자, 이것들이 이 소설책에 나오는 사실입니다. 어떤 판단을 내려야 할까요? 일단 논증을 만들고 나서 평가해 봅시다. 자신이 지지하는 쪽에 서서 논증을 만들고, 좋은 논증인지 아닌지를 따져 보아야겠지요.

그런데 잠깐, 논증과 글쓰기가 무슨 관련이 있을까요? 무슨 관련이 있기에 논증부터 만들어야 할까요? 그것은 논증이 글쓰기의 토대가 되기 때문입니다. 설계도를 그린 뒤에 건물을 짓는 일과 비슷하지요. 안전하고 기능이 뛰어난 건물을 짓기 위해서는 설계도를 잘 그려야 합니다. 그러고 나서 구조가 안전한지를 먼저 검증받아야 하지요. 설계도와 구조의 안전 검증은 좋은 건물을 짓는 밑거름입니다. 그리고 글쓰기에서 논증은 설계도와 같은 역할을 합니다.

그럼 다시 앞서 제시된 사실들을 볼까요. 장 발장이 빵을 훔친 것이 죄가 되느냐에 직접 관련되는 내용은 2번입니다. 주먹으로 유리창을 깨고 빵 한 덩이를 훔쳤다는 겁니다. 이것은 사실이므로 장 발장이 누명을 썼다거나 오해를 샀다고 할 수는 없습니다. 그는 우연히 땅에 떨어진 빵을 주운 것이 아닙니다.

그가 무죄라고 주장하는 사람들은 아마도 정상을 참작해야 한다고 말할 겁니다. 딱한 사정을 봐주어야 한다는 뜻이지요. 그와 관련 있는 사실이 1번입니다. 일자리도 없고 집에 빵도 없는데 아이는 일곱이나 된다. 어떻게 해야 하나? 물론 사정을 참고할 수는 있습니다. 하지만 이렇게 가난한 처지라고 해서 절도가 정당하다고 말하기는 어려울 겁니다.

그러나 빵을 훔친 사실과 19년 동안이나 감옥에 갇혔던 것은 별로 상관이 없습니다. 5년의 형기가 19년으로 늘어난 것은 거듭된 탈옥이 이유였기 때문입니다.

주목할 점은 당시 감옥에서는 죄수들이 차례대로 탈옥하는 게 관행이었다는 사실입니다. 하기 싫어도 순서가 되면 탈출을 시도해야만 했고, 장 발장은 자기 차례가 돌아올 때마다 탈옥했다 붙잡혀 형기가 늘어난 것이지요. 불합리하지만 관행을 거스를 수 없었기에 형기가 19년이 되고 만 것입니다. 5번에 해당하는 이야기입니다.

그런데 이렇게 문제를 삼을 수도 있습니다. 처음부터 5년 형이라는 벌이 너무 지나쳤다고 말입니다. 소설에는 나오지 않지만 그가 훔친 빵이 사실은 매우 비쌌기에 5년이라는 중형이 선고된 것이다. 따라서 판결은 과하지 않았다. 다소 억지스럽지만 이런 반론도 가능하겠지요. 하지만 이런 식으로 추리하려면 먼저 당시 프랑스빵에 대한 많은 연구를 해야 합니다.

그리고 장 발장이 총을 지니고 있었다는 것도 재판에 부정적인 영향을 끼쳤습니다. 3번에 해당하지요. 이것은 운이 없었다고도 할 수 있습니다.

지금까지 우리는 사실을 정리해 놓고 과연 장 발장이 빵을 훔친 것이 유죄인가, 형기는 합당한가를 따져 보았습니다. 논리적으로 생각하면 탈옥을 시도한 탓에 형기가 늘어난 것은 빵을 훔친 죄와 직접적인 관련이 없어 보입니다.

그런데 지금까지 생각을 정리하는 과정에서 우리는 책에서 찾은 사실뿐 아니라 평소에 생각하던 논리, 일반적인 상식 등을 동원했습니다. 남의 것을 훔치는 행위는 죄가 된다, 유리창을 깨는 것은 적극적인 행동이다, 불법으로 총을 지니고 있었다면 판결에 불리하게 작용한다, 하는 것들 말이지요.

그럼 이번에는 장 발장이 유죄라고 생각하고 논증을 만들어 볼까요? 책에서 찾은 사실 중 두 가지에 주목해야 합니다.

---

1. 그는 주먹으로 빵집 유리창을 깨고 빵 한 덩이를 집어 가져갔다.

2. ∴ 그는 '야간 주거 침입 및 절도' 혐의가 인정되어 5년간 힘든 노역을 할 것을 선고받았다.

'∴'라는 이상한 기호가 나왔는데요, '그러므로', '따라서', '결론적으로'라는 뜻이라고 생각하면 됩니다. 논리학이나 수학에서

쓰는 기호이지요. 앞으로 지겨울 정도로 보게 될 테니 지금은 인사 정도만 해 두고 다시 장 발장으로 돌아갑시다.

그가 유죄라는 논증은 단순합니다. 장 발장은 유리창을 깨고 빵을 하나 훔쳤다. '따라서' 그는 야간 주거 침입 및 절도 혐의가 인정되어 5년간 힘든 노역을 할 것을 선고받았다.

그의 처지는 죄를 따지는 일과 관계가 없습니다. 아무리 가난하고 배가 고프다고 해도 남의 가게 창을 깨고 빵을 훔치는 일이 정당해지지는 않습니다. 아침에 빵집에 가서 주인에게 간곡히 사정했다면 빵을 얻을 수도 있었을지 모르니까요. 남의 물건을 훔치는 것은 어쨌든 범죄 행위입니다.

이렇게 단순한 구조로 만들어서 장 발장이 유죄임을 증명하면 됩니다. 하지만 짚고 넘어갈 부분이 있지요. 최초의 형량이 왜 5년이나 되어야 했느냐를 밝히는 것입니다. 이때는 그가 도둑질을 하게 된 배경과 이유도 써 주어야 합니다. 그리고 총을 지니고 있었다는 사실도 언급해야 합니다. 이것이 5년 형을 선고받은 이유로 작용했을 테니까요. 총을 지니고 있지 않았다면 아마도 형량이 줄어들었겠지요.

게다가 당시의 관행 때문에 몇 차례 탈옥을 시도하다 실패해서 형량이 무려 19년으로 늘어났다는 점도 잊으면 안 되지요. 다만 이것은 빵을 훔친 것과는 다른 일입니다. 그러니 장 발장이 유죄라고 설득하는 글에서는 중요도가 낮은 요소라고 할 수 있습니다. 왜 형량이 19년까지 늘어났는지를 다루는 글이라면 절대 빠뜨려서는 안 되겠지만요.

이렇듯 논증이라는 뼈대를 만들어 놓으면 글을 쓸 때 편리한 점이 있습니다. 핵심에서 벗어난 문제에 얽매이지 않아도 되기 때문입니다. 장 발장은 유죄다. 하지만 가난, 총기 소지라는 불운, 관행적인 탈출이 그를 더욱더 비참하게 만들었다. 이런 식으로 중요도가 낮은 요소를 추가로 쓰면 어떻게 될까요. 어느 것이 핵심인지 분명하게 드러내면서도 더 설득력 있는 글로 만들 수 있습니다.

글을 쓰는 데는 얼마나 아름다운 표현으로 꾸며 주느냐보다 얼마나 탄탄한 논증이 토대를 이루느냐가 훨씬 더 중요합니다. 논증이 있으면 전체 설계도를 손에 쥐고 있는 것이나 마찬가지입니다. 여러분이 어떤 글을 쓰든 글에는 주장이 있어야 하고, 그 주장에는 근거가 있어야 합니다. 그래야 읽는 사람을 설득할 수 있으니까요.

여기에서 장 발장이 유죄라고 주장하는 글을 한번 살펴볼까요? 지금까지 정리해 나간 논증을 바탕으로 자기 생각을 펼친 글입니다.

장 발장은 유죄다. 그가 법을 위반했기 때문이다. 남의 집에 몰래 들어가 물건을 훔치면 주거 침입 및 절도가 되는데, 그는 밤에 가게 유리창을 깨고 빵을 훔쳤기 때문에 야간 주거 침입 및 절도죄를 저지른 것이 틀림없다. 다른 사람이 강요하지도 않았고, 전적으로 자기 의지대로 한 행동이었다.

흔히 장 발장이 빵 하나를 훔친 벌로 19년간 감옥에 갇혀서 노예처럼 일해야 했던 것이 정당한가 하는 질문이 뒤따른다. 하지만 그가 19년을 복역한 것은, 몇 차례에 걸친 탈옥 시도 탓이었고 빵을 훔친 것과는 직접적인 관련이 없었다. 처음에 선고받은 것은 5년 형이었다. 그런데 5년이라는 형량 자체가 적절한가 하는 점에 대해서라면 법의 잣대가 정당하지 못하다고 볼 수도 있다. 장 발장의 상황이 고려되었을까? 너무 가난해서 빵을 하나 훔쳤을 뿐인데 5년 동안 옥살이를 해야 한다니, 지나치게 가혹한 벌이라고 생각한다. 장 발장이 무죄였어야 한다는 것이 아니다. 하지만 당시 프랑스 사회에 만연했던 가난과 사람들의 비참한 삶을 생각하면 법이 너무 냉혹한 것 같다.

어떤가요? 논증을 토대로 자기 생각을 일목요연하게 정리해서 세심하게 드러냈지요? 유죄냐 무죄냐를 따지는 데만 그치지 않고 전체를 아우르는 시야를 보여 주는 글입니다. 단숨에 판단하기 어려운 주제를 만났을 때는 이런 식으로 논증을 세우고 정리하면서 글을 써 나가면 좀 더 쉽게 탄탄한 글을 완성할 수 있습니다.

이런 방식은 다양한 주제에 활용할 수 있습니다. 예를 들어 다른 사람을 위해 선한 거짓말을 해도 되는가? 이것이 문제라고 합시다. 문제를 받았으니 먼저 논증을 만들어야겠지요. '해도 된다' 또는 '하면 안 된다' 둘 중 하나를 고르고 왜 그렇게 생각하는지 근거를 찾아내야 합니다.

어느 쪽을 고르든 우선 근거와 결론으로 이루어진 논증을 만든 뒤에, 오류가 없는지 확인하고 좋은 논증인지를 판단합니다. 좋은 논증이라고 판단되면 그때부터 실제로 글을 쓰기 시작하지요. 이렇게 하면 논증이 글의 뼈대를 잡아 주기 때문에 생각보다 글쓰기가 수월할 겁니다. 논증이 세운 뼈대에 생각과 메모를 정리하면서 살을 붙이는 것이 좋은 글쓰기 방법입니다.

글쓰기에는 특별한 재주가 필요하지 않습니다. 누구나 논증을 배우고 익히면 자기만의 고민과 의견을 적절히 담아 글을 쓸 수 있지요. 어떤 글쓰기 과제에 맞닥뜨리더라도 성실하게 고민하는 사람이 더 나은 글을 써냅니다. 엄마의 요리를 떠올려 봅시다. 엄마는 전문 요리사가 아니지만 배우고 익혀서 여러분이 배불리 먹을 수 있도록 맛있는 요리를 만들어 냅니다. 특별히 요리의 신에게 축복받은 것은 아닙니다. 배울 것을 배우고 시간을 들여 연습했을 뿐이지요.

마찬가지로 논증을 배우고 익히면 글쓰기를 잘할 수 있습니다. 뒤에 배우게 될 터이지만 소설이나 희곡의 토대에도 논리가 자리 잡고 있습니다. 아주 훌륭하게 장식되고 능란하게 감추어져 있어서 눈치채기 어려울 따름이지요. 『심청전』『춘향전』 같은 우리 옛이야기뿐 아니라 셰익스피어의 희곡 『햄릿』 『맥베스』 등에도 다양한 논리가 숨어 있습니다. 그러니 우리도 논리라는 주춧돌을 튼튼히 세워 놓고 글쓰기를 시작해야겠지요?

주의 깊게,
주의 깊게

공부를 잘한다고 다들 시험을 잘 보는 것은 아니지요. 시험을 잘 치르려면 연습 문제를 충분히 푸는 것 이상으로 무언가가 더 필요합니다. 시험장에서 발휘해야 할 능력, 바로 집중력입니다. 시간은 제한되어 있고 함정을 파 놓은 문제도 있습니다. 집중하지 않으면 안 되겠지요.

글쓰기도 이와 비슷해서, 좋은 논증을 토대로 삼았다고 해서 모든 문제가 한꺼번에 해결되는 것은 아닙니다. 과연 무엇이 더 필요할까요? 좋은 논증을 바탕으로 하더라도 정작 글을 쓸 때 '주의 깊게' 임하지 않는다면 방향을 잃은 배처럼 엉뚱한 결론에 다다를지도 모릅니다. 그렇다면 결코 좋은 글이라고 할 수 없겠지요. 세상 모든 일이 마찬가지겠지만 특히 글을 쓸 때는 주의를 기울여야 합니다. 남과 대화하며 주고받는 말과 비교해서도 그렇지요. '주의 깊게' 글을 써야 하는 이유를 살피기에 앞서 두 친구가 나누는 대화를 주목해 봅시다.

지훈과 현우 두 사람이 대화를 나누고 있습니다.

지훈 야, 그게 말이 돼? 처음 말이랑 다르잖아. 넌 처음에는 걔가 훔쳤다고 했잖아. 그런데 지금은 다른 애가 훔쳤다는 거야?

현우 그렇게 되나? 음, 미안. 그럼 취소할

게. 그런데 우리 무슨 이야기 하다 이렇게 됐지?

지훈 야, 넌 정신을 어디다 놓고 다니냐? 내일 축구 보러 간다는 얘기 하다 말았잖아.

현우 맞아, 너 누구 응원해?

이 두 친구는 누가 무엇인가를 훔쳤는지에 대해 얘기하다 갑자기 화제를 바꾸었습니다. 아무 일도 없다는 듯이 말이지요. 이런 일은 일상생활에서 대화하는 도중에 흔히 일어납니다. 여러분도 수다를 떨다 보면 이리저리 화제가 널뛸 때가 있지요. 그래도 크게 문제가 되지 않습니다.

하지만 글이라면 문제가 심각해집니다. 이런 식으로 갑자기 화제가 바뀐다면 읽는 사람은 당황할 겁니다. 그리고 이렇게 소리치겠지요. "이게 뭐야!" 이렇게 같은 일에도 다르게 반응하는 것은 일반적으로 글이 대화보다 논리적이라고 기대하기 때문입니다.

게다가 이 대화를 살펴보면 현우가 자신에게 논리적으로 문제가 있었음을 쉽사리 인정합니다. 그러자 지훈이도 별로 문제 삼지 않고 그냥 넘어갑니다. 그래, 맞아. 문제가 있네. 이렇게 잘못을 인정하자 앞서 벌어진 논리의 오류는 없었던 것이 되었습니다.

하지만 글에서라면 어떨까요? 이 역시 어림없습니다. 어떤 저자가 50쪽쯤 써 놓은 뒤에 갑자기 "아, 잘못되었네요. 논리적으로 문제가 있습니다." 하고는 대수롭지 않게 이어서 계속 써 나갈 수 있겠습니까? 아무리 논리를 배우지 않았다 해도 이렇게 하지는 못할 겁니다. 만약 논리적인 잘못이 발견되었다면 썼던 것을 모두 지우고 처음부터 다시 쓰는 편이 낫겠지요. 이처럼 글은 말보다 더 일관되게 논리를 지켜야 합니다.

논리는 조금이라도 맞지 않으면 곧바로 폐기됩니다. 그런데도 어떤 사람들은 글에서 바탕이 되는 논리에는 소홀한 채 맞춤법이나 띄어쓰기에만 신경 쓰고, 자신의 독서량 또는 감동적인 수사적 표현에만 기대려고 합니다. 내 표현이 얼마나 아름다우냐, 내가 얼마나 책을 많이 읽었는지 드러나느냐 하는 것은 글의 곁가지 같은 사항입니다. 그보다는 자기가 하고 싶은 말을 논증을 세워 명확히 밝히고 그 논증을 평가할 줄 알아야 합니다. 그러기 위해서는 당연히 논리에 대해 알아야 하지요.

그럼 '주의 깊게' 글을 쓴다는 건 무슨 의미일까요? 논리를 배워서 논증을 다룰 수 있더라도 역시 글을 쓸 때는 한층 주의를 기울여야 합니다. 논증을 만들 때도, 논증을 토대로 글을 쓸 때도, 오류를 저지르지 않도록 조심해야 하지요. 그리고 단어 선택이나 줄을 바꾸는 것 하나까지 신경 써야 하고요. 더 아름다운 표현으로 다듬기 위해서라기보다 단어의 차이 때문에 논리가 흔들리지 않는지, 오해를 빚을 부분은 없는지 살펴야 한다는 뜻입니다.

앞서 나왔던 노벨 문학상 수상자 오에 겐자부로의 이야기를 다시 해 보겠습니다. 『허클베리 핀의 모험』을 외우다시피 했다는 그 사람 말입니다. 그는 이런 질문을 받은 적이 있다고 합니다. "노력, 집중력, 인내력 중에서 소설가에게 가장 필요한 자질은 어느 것일까요?" 오에 겐자부로는 이렇게 답했습니다. "그것들 전부를 주의 깊게 하는 것이라고 생각합니다." 글을 잘 쓴다는 건 여간 어려운 일이 아닙니다. 하지만 서두르지 말고 '주의 깊게' 내 머릿속의 생각을 정리하는 것부터 시작하면 실마리가 보일 겁니다.

생각
도움닫기

선한 거짓말은
용서받을 수 있을까?

앞서 글쓰기의 주제로 '다른 사람을 위해 선한 거
짓말을 해도 되는가?'라는 것을 냈지요. 이 주제에 대
한 짧은 예문을 보여 드리겠습니다. '선한 거짓말이라
면 해도 괜찮다.'라는 입장의 글입니다. 이 예시글을 읽고 여러분도 자기 입장
을 정해서 논증을 만들고 글을 써 보기 바랍니다.

예를 들어 내가 일제 강점기에 산다고 하자. 어느 날 갑자기 독립투사가 우리 집
으로 숨어들었는데, 얼마 지나지 않아 일본인 형사도 사람을 쫓고 있다며 찾아왔
다. 형사의 말을 들어 보니 우리 집에 숨은 사람 같았다. 그럴 때 할 수 있는 대답
은 두 가지일 것이다. 사실 그대로 형사에게 그 사람이 지금 우리 집에 있다고 하든
지, 아니면 그런 사람은 본 적 없다고 거짓말을 하든지. 나는 형사에게 거짓말을 하
고 독립투사를 감쌀 것이다. 물론 거짓말은 옳은 일이 아니다. 하지만 내가 사실대
로 말했을 때 독립투사가 고초를 겪을 게 분명하다면 이 거짓말은 잘못이 아닐 것이
다. 이런 상황이라면 거짓말을 해서는 안 된다는 원칙보다 정의를 실현해야 한다는
원칙을 우선해야 하지 않을까? 거짓말을 해서는 안 된다는 원칙도 결국 일반적으로
그렇게 해야 정의가 실현되기 때문일 것이다. 하지만 이처럼 선한 거짓말을 해야 정
의가 실현되는 특수한 경우에는 거짓말을 해도 괜찮다고 생각한다.

5

소통의 기본, 논리를 담아 말하기

필요한 때
필요한 말을

자, 드디어 말하기입니다. 말을 잘한다는 것은 무슨 뜻일까요? 사람들은 말을 잘하는 사람을 일컬어 청산유수 같다는 둥 타고난 재주라는 둥 치켜세웁니다. 물론 타고나는 부분도 있겠지요. 신뢰감을 주는 목소리라든지 정확한 발음, 담대한 배짱 등은 노력으로만 얻어지는 것이 아니니까요.

하지만 일상생활에서 말을 잘하는 데는 타고난 재능이 별로 필요 없습니다. 목소리가 나빠도 되고 발음이 조금 새더라도 상

관없습니다. 물론 소심해도 괜찮습니다. 중요한 건 필요한 때 필요한 말을 할 줄 아느냐입니다.

아무리 말을 매끄럽게 하거나 많이 한다고 해도, 상대방이 듣고 싶어 하는 말이 무엇인지 알고 그에 대해 응답하지 못하면 별로 효과가 없기 때문입니다. 돈 문제로 옥신각신하고 있는 민준이와 지훈이가 그런 문제를 겪고 있네요.

민준 지훈아, 만 원만 꿔 줘.

지훈 야, 내가 돈이 어디 있냐?

민준 그러지 말고 좀 빌려 주라. 너 어제 용돈 5만 원이나 받았다며? 친구 사이에 돈 만 원도 못 꿔 주냐? 우리가 보통 친구야? 초3 때부터니까 벌써 4년째잖아. 내가 금방 갚을게. 저번에 3천 원 빌렸을 때도 일주일 만에 갚았잖아. 기억나지?

지훈 다 좋은데, 어떻게 갚을 건데?

민준 야, 친구를 못 믿어? 갚으면 되잖아. 갚는다고.

지훈 글쎄, 어떻게 갚을 거냐니까?

두 사람은 몇 년째 친구로 지내고 있고 지난번에도 지훈이는 민준이에게 돈을 빌려 주었던 적이 있습니다. 그럼 이 상황에서 민준이는 어떤 말을 해야 돈을 빌릴 수 있을까요? 돈을 빌려 주어야 하는 지훈이 입장에서 듣고 싶은 말은 무엇이겠습니까? 맨 마지막에 나오지요. 어떻게 갚을 것인지에 대한 계획입니다.

민준이가 어떻게 돈을 갚을지 말하지 않는 한 지훈이가 돈을 빌려 줄 가능성은 낮아 보입니다. 따라서 한 달 뒤에 용돈을 타면 갚겠다거나, 아니면 얼마 전에 산 운동화를 중고 거래 사이트에 팔아서 갚겠다거나, 무엇이 되었든 구체적인 방법을 제시해야 합니다. 그러지 않고서는 돈을 빌리기 어렵겠지요.

이처럼 언제 어떤 말이 필요한지를 파악하는 것이 말하기의 첫걸음입니다. 그런데 이것을 다루기 전에, 말하기가 두 종류로 나뉜다는 것부터 설명해야겠습니다. 앞서 '듣기'에서 이미 살펴봤던 내용입니다. 종류가 다르면 말해야 하는 때와 그때 필요한 말도 달라질 테니, 다시 한 번 짚고 넘어가지요.

말하기의 두 종류
: 연설과 대화

말하기는 크게 두 종류로 나눌 수 있습니다. 혼자서 말하는 것과 여럿이 말하는 것. 연설이 혼자서 말하는 것에 해당합니다. 대통령의 신년사 같은 것이 연설의 대표적인 경우이겠지요. 준비된 원고를 혼자 읽는 것이니까요.

텔레비전에서 하는 토론 프로그램 같은 것은 여럿이 말하는 대화의 좋은 사례입니다. 그 밖에 기자 회견장이나 강연장에서 벌어지는 질의응답 등도 상대와 그 자리에서 말을 주고받으니까 대화라 할 수 있습니다.

대화와 연설은 둘 다 만만치 않지만 굳이 따지자면 대화가 더 어렵습니다. 왜냐하면 연설은 미리 준비할 수 있기 때문입니다. 간혹 누군가 대신 써 준 원고를 검토하고 연습까지 거친 뒤에 말하는 일도 있고요.

이에 반해 토론은 미리 주제를 살펴보고 상대편 입장을 알고 있다 해도 막상 대화가 시작되면 어떤 의외의 발언이 나올지 모르니 예측하기가 어렵습니다. 그리고 예상치 못한 발언에 대해서도 즉석에서 답변하거나 받아쳐야 하니 더욱 힘들지요. 그럼 우리는 대화에 앞서 연설부터 살펴보며 말하기에 대한 기초를 다져 볼까요?

여러분도 반장 선거를 경험해 봤을 겁니다. 선거에 출마하는 사람은 반장이 되면 이렇게 저렇게 하겠다고 열변을 토하지요.

그러면 듣는 사람들은 박수로 호응하고요. 투표 끝에 반장이 선출되면 다시 한 번 학급 친구들 앞에 나와서 앞으로 어떻게 하겠다고 다짐합니다.

사람들 앞에서 혼자서 일방적으로 말하는 것이 연설입니다. 국회 의원 선거에서도 볼 수 있지요. 수업 시간에 자기가 생각한 주제를 반 아이들 앞에서 혼자 말할 때도 있는데 이런 때는 연설이라고 하지 않고 발표라고 합니다. 발표만으로 끝나면 연설에 속하지만, 질문을 받고 답하게 되면 그때는 대화에도 포함됩니다.

그런데 여러분, 텔레비전에서 국회 의원이 국회에서 질문하는 것을 혹시 본 적이 있나요? 그런 데는 전혀 관심이 없다고요? 네, 아직 정치에 관심이 없을 수도 있습니다. 국회 의원을 여러분 손으로 직접 뽑으려면 꽤 오랫동안 기다려야 하지요. 하지만 눈여겨볼 것이 하나 있습니다. 국회 의원이 국가 공무원 등에게 국민을 대신해서 질문을 할 때, 미리 써 온 질문을 그대로 읽으면서 묻

는다는 겁니다. 정치인이 대중 연설을 할 때도 보통 원고를 따라 읽지요. 지금부터라도 유심히 보면 거의 그렇다는 걸 알 수 있을 겁니다.

이렇듯 원고를 그대로 읽는 방식의 연설에 다들 익숙하기 때문일까요? 여러분도 아직까지는 잘

말하는 것에 대해 크게 신경 쓰지 않
는 듯합니다. 방학 숙제로 연설이나 대
화가 나온 적도 없고, 말한 걸 녹음해서
제출하라는 과제도 없었을 테니 그다지
고민해 보지 않았겠지요.

하지만 준비한 원고를 그대로 읽는 연설 방식은 앞으로 점점
통하지 않을 겁니다. 그런 연설로는 아무래도 말하는 이의 진심
까지 전달하기 어려울 테니까요. 이렇게 받아들여질 수도 있지
요. '아, 써 온 거 읽는구나. 다른 사람이 써 준 글일 수도 있겠네.
자기도 무슨 얘기인지 잘 모르는 거 아냐?' 이렇게 부정적인 인
상을 준다면 오히려 의사소통을 방해하는 셈입니다.

이미 영국의 의회에서는 의원들이 질문할 때 원고를 그대로
읽는 것이 금지되어 있습니다. 꽤 오래된 전통이라고 합니다. 질
문과 답변은 간단히 메모로만 준비합니다. 그렇게 해야 핵심만
묻고 답하는 효율적인 토론이 되기 때문이지요. 이렇게 되면 연
설보다는 대화나 토론에 속한다고 해야겠군요. 우리나라도 머지
않아 그렇게 되지 않을까 싶습니다.

아예 메모도 금지하는 건 어떠냐고요? 메모조차 허용하지 않
는다면 질문할 내용을 순간적으로 잊어버릴 수도 있고, 특히 세

세하지만 중요한 수치 따위를 기억하지 못할 수도 있습니다. 그러니 메모는 할 수 있어야겠지요. 여러분이라면 메모에 무엇을 적어 두겠습니까? 아마도 핵심이 되는 단어가 아닐까요. 무엇이 중요한지를 파악해서 관련된 내용을 적어 놓으면 큰 흐름을 놓치지 않고 말을 이어 갈 수 있으니까요.

예를 들어 반장 선거에서 메모만 보고 연설을 한다면 무엇을 키워드로 삼겠습니까? 햄버거라고요? 투표의 대가로 햄버거를 돌리겠다고 하면 이것도 일종의 뇌물입니다. 당연히 안 될 말이지요. 아마 청소, 소풍, 급식 등에서 무엇을 하겠다 하고, 자기가 내세울 만한 장점들을 적으면 될 겁니다. 반장 선거에서는 이 정도로 충분하겠지만 국회에서 질문하고 답하기 위한 준비로는 조금 부족해 보입니다. 훨씬 복잡한 문제를 다루기 때문에 간단한 단어만 늘어놓으면서 연설을 이어 나가기는 어렵겠지요. 그러니 뭔가 다른 수를 써야 합니다.

키워드를 적는 것보다 훨씬 더 쓸모 있는 방법이 있습니다. 바로 논증을 만들어 두는 겁니다. 예를 들어 여러분이 발표를 하게 되었다고 합시다. 주제는 '왜 놀부가 흥부를 내쫓았는가?'라고 해 보지요. 이때 미리 써 온 원고를 읽을 수 없다면 여러분은 어떻게 하겠습니까?

설사 원고를 따라 읽어도 좋다고 해도, 앞서 말한 대로 그런 방식은 효과가 별로 없습니다. 통째로 외우면 되지 않느냐고요? 그것도 방법이 될 수는 있지요. 실제로 밤을 새워 외우는 사람도 있고요.

하지만 아무리 원고를 통째로 외워도 막상 실전에 닥치면 잊어버릴까 봐 신경이 쓰이게 마련입니다. 외운 내용과 순서에만 신경을 쓰다 보면 자기가 하려는 이야기에 집중할 수 없습니다. 잘못하면 마치 국어책을 읽는 어설픈 연극배우처럼 보일지도 모르지요. 역시 논증을 간단하게 메모해서 그것을 가끔 보면서 말을 이어 가는 편이 가장 자연스럽습니다.

'왜 놀부가 흥부를 내쫓았는가?'에 대한 논증은 이미 앞에 만들어 놓은 것이 있지요? 이를 활용해 봅시다.

1. 놀고먹는 사람은 돌봐 줄 필요가 없다.

2. 지금의 재산은 모두 놀부가 스스로 노력해서 모은 것이니 더는 흥부네 식구들을 도와줄 수 없다.

3. 어렸을 때 부모한테서 차별 대우를 받았다. 동생인 흥부만 귀여움을 받았고 놀부는 일만 했다.

∴ 놀부는 흥부를 내쫓았다.

이런 논증을 메모해 놓고 연설을 한다면 훨씬 마음이 놓이지 않을까요? 잊어버릴 일도 없고, 그러면서도 간결하게 정리되어 있어 보기도 편할 겁니다.

문제는 이 논증이 얼마나 좋은 논증인가 하는 점이겠지요. 오류도 없고 좋은 논증이어야 듣는 사람을 설득할 수 있을 테니까요.

그런데 말하기에서는 주의할 점이 한 가지 더 있습니다. 조금은 기술적인 부분입니다. 말하는 효과를 높이는 방법인데, 연설과 대화에 모두 해당합니다. 다음 대화를 볼까요? 학교와 학원 중 어느 쪽이 더 좋은지에 대해 말하고 있네요.

서윤 넌 학원 가는 게 좋아, 학교 가는 게 좋아?

민지 학교는 체육 시간이 있어서 좋고, 학원은 배우는 게 많아서 좋아.

서윤 그래서 어느 쪽이 좋아?

민지 학교는 숙제를 많이 내서 싫고, 학원은 노는 시간이 짧아서 싫어.

서윤 아, 그러니까 어느 쪽이 좋으냐고?

서윤이가 짜증을 낼 만도 합니다. 학교와 학원 중 어느 쪽이 좋으냐고 물었는데 민지는 각각의 장단점만을 말하고 있으니까요.

연설이든 대화든 답을 요구하는 물음에
는 딴말 말고 답부터 말하는 것이 좋
습니다. 이 대화에서도 마찬가지입니
다. 질문에 답을 먼저 해야 합니다.

서윤 넌 학원 가는 게 좋아? 학교 가는 게 좋아?

민지 난 학교가 좋아.

서윤 왜?

민지 체육 시간이 있어서.

서윤 싫은 점은 없어?

민지 숙제가 많아서 싫기는 하지만 학원은 노는 시간이 짧잖아. 난 노
는 시간이 제일 좋아.

이렇게 하니까 막히는 곳 없이 시원하지요? 먼저 결론부터 말
하고 이유는 그다음에 댔기 때문입니다. 자기 감정을 일부러 숨
기려는 목적이 아니라면 이처럼 대답을 성실히 하는 것이 의사
소통을 원활하게 하는 지름길입니다. 이처럼 결론을 먼저 내세
우는 것을 글 '머리' 부분에 핵심을 담았다고 해서 '두괄식'이라

고 부릅니다.

　말하기에서 두괄식이 효과적인 이유는 그 자체가 결론과 이유로 이루어진 논증을 구성하기 때문입니다. 앞선 대화를 보면 쉽게 이해할 수 있지요. '학교가 좋다.'라는 결론 뒤에 '체육 시간이 있어서.'라는 이유가 따라왔습니다.

　어떤 물음에 두괄식으로 결론부터 말한다면 듣는 이는 답답해하지 않고 그 이유를 묻게 됩니다. 그 이유를 듣고 나서는 과연 말이 되는지 따지겠지요. 좋은 논증인지 검토한다는 말입니다.

　연설도 논증을 사용해야 하니 두괄식을 활용하면 효과적입니다. 먼저 결론을 말하고 그 결론의 근거를 하나씩 풀어 가는 두괄식은 훌륭한 의사소통법입니다. 논증을 주고받는 것이 의사소통이고, 그것은 말하기도 예외가 아니니까요.

　이왕 대화를 예로 들었으니, 이제 연설에서 대화로 넘어와 볼까요? 연설이 일방적인 말하기라면 대화에는 상대가 있습니다. 상대와 말을 주고받으며 듣기와 말하기를 동시에 해내야 합니다. 따라서 듣기의 원칙이 대화의 말하기에도 적용되겠지요.

　그럼 앞서 말했던 듣기의 요령을 다시 생각해 봅시다. 상대방이 한 말에 오류가 있는지 없는지를 찾아내고, 상대방의 논증을 재빨리 파악하는 것이었습니다. 그렇다면 대화 중 내가 말할 때는 특히 무엇에 신경 써야 할까요? 이때도 역시 논증입니다.

대화를 하는 이유는 자기 생각이나 느낌을 남에게 전달하기 위해서입니다. 그런데 사람들은 내가 아닌 남의 생각에는 좀처럼 설득되지 않습니다. 남을 설득하려면 생각을 논리적으로 제시해야 합니다. 물론 논리적이라고 언제나 설득에 성공하는 것은 아니지만 말입니다.

서로 다른 주장이 팽팽하게 맞부딪치는 토론이라면 어떨까요? 상대방의 말을 논증으로 구성해서 오류가 있는지 검토하고 약점을 찾아내는 것이 공격의 시작일 테고, 자기주장을 논증으로 표현하는 것이 공격의 마무리일 것입니다.

다시 말해 '말발이 좋다.'라는 것은 쩌렁쩌렁하게 목청을 높이거나, 쉴 새 없이 떠들어서 상대가 반박할 틈을 주지 않는다거나, 구렁이 담 넘어가듯 은근슬쩍 말을 바꾸는 것이 아닙니다. 나직하게 말하더라도 영양가가 있어야 합니다. 야구로 따지면 필요할 때 적시타를 때릴 줄 알아야 합니다. 권투로 말하자면 상대의 공격을 받아치는 카운터블로를 날릴 줄 아는 거지요.

앞서 필요한 말을 필요한 때 해야 한다고 했습니다. 그럼 언제가 말이 필요한 때이고, 언제가 말을 할 적절한 때일까요? 두 가지 경우가 있습니다. 하나는 상대가 오류를 저질렀을 때입니다.

때를 놓치지 않고 파고드는 겁니다. 앞에 나왔던 민주네 엄마의 경우를 볼까요. 공부를 두고 서로 의견이 달랐으니 일종의 토론이라고 할 수 있습니다.

엄마 됐고, 넌 왜 공부를 못하니? 방도 따로 있겠다, 엄마가 학원도 보내 주겠다, 너보고 돈 벌어 오라는 것도 아니고 그냥 공부만 하면 되는데 그걸 왜 못해?

엄마의 주장은 환경이 좋으면 공부를 잘한다는 겁니다. 앞에서 살펴봤듯이 이 주장은 거짓입니다. 환경이 좋아도 공부를 못하는 학생이 얼마든지 있으니까요.

그렇다면 민주는 엄마의 말이 끝나는 대로 이 주장이 잘못이라고 말을 해야 합니다. 이것이 적절한 때입니다. 바로 오류를 파고 들어야 한다는 겁니다.

민주 엄마, 그건 좀 이상해. 그럼 부잣집 애들은 다 공부 잘하게? 그건 아니잖아. 내가 열심히 안 하는 건 맞지만, 환경이 좋다고 다들 공부 잘하는 건 아니라고 생각해.

이렇게 엄마의 주장을 논리적으로 반박하면 일단 잘못된 흐름은 끊어집니다. 예의를 갖추어 말하고 진심을 전한다면 엄마도 민주의 논리에 귀를 기울일 수밖에 없습니다. 그렇게 되면 엄마의 반응은 논리를 아느냐 모르느냐에 따라 두 가지로 나뉠 겁니다. 먼저 엄마가 논리를 알고 있다면 자신의 오류를 시인하고 다른 주장을 내놓겠지요. 이는 서로 자기주장을 펼치되 남의 생각을 받아들일 줄도 아는 바람직한 대화입니다.

하지만 엄마가 논리를 체계적으로 배운 적이 없어서 잘 모른다면 앞에도 나왔듯이 자기를 무시한다고 오히려 화를 낼지도 모릅니다. 이때 엄마의 반응은 조금 극단적이긴 했지요. 그렇게까지 딸에게 잘난 척한다며 몰아붙이는 경우는 아마 거의 없을 겁니다. 하지만 사람은 무식하다고 지적당하면 감정이 상하기 마련입니다. 따라서 이런 경우라면 최대한 예의를 갖춰야 함은 물론이고 조금 돌려서 말하는 편이 좋습니다. 그렇다면 민주는 어떻게 말할 수 있을까요?

예를 들어 "그런데 엄마, 서윤이 알지? 걔네 집 정말 부자잖아. 근데 서윤이는 성적이 영 별로야. 참 이상하지 않아? 엄마는 혹시 이유를 알아?" 하는 식으로 말할 수도 있겠지요. 이렇게 말한다면 부잣집 아이라고 다 공부를 잘하지는 않는다는 뜻을 충분히 전달하면서도 엄마의 기분을 상하게 하지 않을 겁니다. 다만 상대와 다투지 않기 위해 에둘러서 말하다 보니 내 생각을 직접적으로 전달하기에는 조금 번거롭고 답답한 것도 사실입니다. 따라서 되도록 대화에 참여하는 사람들이 애초부터 모두 논리에 대해 잘 알고 있는 편이 더욱 좋겠지요. 게다가 내가 논리에 대해 잘 모른다면 상대방이 잘못을 저질렀을 때도 전혀 눈치채지 못한 채 그냥 넘어가 버릴 가능성마저 있습니다. 그러니 더더욱 논리를 배워야 합니다.

토론은 대화와 달라서 상대방의 말이 완전히 끝나기 전에 자기 얘기를 시작하기 어렵습니다. 상대방의 말을 중간에 끊고 들어가면 예의 없다는 인상을 줄 수 있기 때문입니다. 이런 인상을 주면 아무리 토론을 잘해도 원만하게 결말을 맺기 어렵습니다. 앞선 대화에서도 민주가 에두르지 않고 직접 엄마의 오류를 지적한다면 버릇없게 비칠 가능성이 크지요. 엄마 말을 끊은 것처럼 보이니까요. 그리고 조금 매몰차게 말하는 것 같기도 하고요. 토론이나 대화에서 어떤 순간에 말을 꺼내느냐 하는 것은 만만치 않은 과제입니다. 하지만 우선 상대방을 배려해야 합니다. 상대방이 마음의 문을 닫고 다시는 입을 열지 않는다면 의사소통 자체가 불가능해지기 때문입니다. 그러니 상대방이 충분히 발언했다고 판단될 때 비로소 말하는 것이 좋습니다. 자기주장을 펼칠 때도 지나치게 공격적이지 않은, 상대의 기분까지 배려하는 태도가 중요합니다.

토론에서는 상대방의 말이 끝날 때까지 기다려야 하는데, 이 시간에 생각 없이 그냥 기다리기만 해서는 안 됩니다. 머릿속으로는 치열하게 말하는 사람의 주장을 논증으로 구성해 보고 오류를 찾고 평가해야 합니다. 그래야 자기 차례가 되었을 때 제대로 말할 수 있겠지요.

듣기와 말하기를 한꺼번에 하는 것은 훨씬 어렵습니다. 정해진 짧은 시간 안에 두 가지를 처리해야 하기 때문입니다. 상대방 말을 듣고 즉시 반응해야 합니다. 한참 뜸을 들이거나 생각에 잠겨 있다가는 상대방이 다른 주제로 넘어갈 가능성이 크고, 빠르게 말을 주고받는 대화의 묘미도 놓칠 수 있습니다.

재빠르게 상대의 말을 논증으로 만들어 오류를 찾고, 곧바로 그에 대한 자신의 논증을 세워 말하기란 쉬운 일이 아닙니다. 훈련이 많이 필요하지요.

다음과 같이 된다면 곤란하겠지요.

민지 나는 있잖아, 부자라면 행복할 것 같아. 사고 싶은 걸 마음대로 다 살 수 있잖아.

서윤 사고 싶은 거 마음대로 사면 행복해지냐?

민지 응, 왜? 무슨 문제 있어? 난 그게 행복이야.

서윤 그래, 네 마음대로 해라.

두 친구는 대화를 나누고 있나요? 서로 말을 주고받고는 있지만, 진정한 대화라고 보이지는 않습니다. 민지는 자기주장만 하고, 서윤이는 민지의 주장에는 별 신경을 쓰지 않잖아요. 대화가 되려면 서로 논증을 주고받아야 합니다. 다음과 같이 말한다면 어떨까요.

민지 나는 있잖아, 부자라면 행복할 것 같아. 사고 싶은 걸 마음대로 다 살 수 있잖아.

서윤 그래? 그럼 행복하지 않은 사람이라면 부자가 아닌 거네.

민지 무슨 말이야?

서윤 응, 불행한 사람이라면 가난하다고. 네 말이 이런 주장이거든, 논리적으로 말이야.

민지   그래? 그런 거야? 몰랐네.

서윤   불행한 사람이 전부 가난한 것은 아니잖아. 불행한 부자도 많이 있으니까. 그러니까 부자라면 행복해질 거라는 네 생각에는 오류가 있는 것 같아.

민지   야, 너 똑똑해졌다. 어디서 그런 걸 배웠어? 나도 좀 배우자.

조금 나아졌지요? 서윤이는 민지의 말에 오류가 있다는 사실을 알아차리고 고쳐 주었습니다. 그래야 대화가 논리적이 되고 계속 이어지겠지요. 서윤이는 부자가 되면 행복하다는 말을 논리적으로 따졌습니다. '부자이면 행복하다.'라는 말은 '행복하지 않다면 부자가 아니다.'라는 말과 논리적으로 같다는 겁니다. 좀 유식한 척하자면 '이환'이라는 논리학의 규칙을 사용했지요. 이환이 무엇인지는 나중에 더 자세히 설명하겠습니다. 지금 우리에게는 세부적인 개념을 알기보다 전체의 기초를 튼튼히 하는 게 중요하니까요. 그리고 단순히 개념만 알아 봤자 일상생활에서 사용하기는 어렵습니다. 연습을 많이 해야 하는데, 그러지 않은 채 써먹었다가는 나중에 집에서 혼자 후회하게 될 뿐이지요. 어쨌든 서윤이는 논리적으로 민지의 오류를 지적했고, 다행히 민지도 서윤이의 지적을 받아들였습니다. 이제 대화는 계속해서 이어질 겁니다.

말하기를 잘하는 방법은 나머지 언어생활과 다를 바 없습니다. 논리의 규칙을 배운 뒤 논증을 만들고 그것을 평가하는 능력을 키워야 합니다. 물론 글쓰기와 마찬가지로 어휘력도 필요하고 일반적인 지식도 갖춰져 있어야겠지요. 여기에 덧붙여 남 앞에서 위축되지 않을 수 있는 자신감도 있으면 좋습니다.

그런데 자신감 역시 논리력을 충분히 키웠을 때 비로소 생깁니다. 오류를 찾을 줄 알고, 논증도 잘 다룬다면 남 앞에 서는 것이 두렵다는 마음도 훨씬 줄어들게 마련입니다. 내가 무슨 말을 하든, 상대가 어떻게 반박하든, 논리라는 믿을 구석이 있으니까요. 좋은 목소리, 호감 가는 외모, 깨끗한 발성도 말하기에 도움이 되겠지만 논리만큼 큰 도움을 주지는 못한답니다.

노력이 필요하고 시간도 들여야 하지만, 논리를 배우고 익히면 앞으로 여러분의 삶에 큰 힘이 될 겁니다. 방학 숙제나 시험뿐 아니라 부모님이나 친구들하고 나누는 대화, 토론, 상담부터 나중에 경험할 대학 또는 회사 면접, 기획서 작성과 발표 등에 이르기까지 정말 다양한 곳에 두루 쓸모가 있습니다. 그리고 이런 구체적이고 실용적인 목적을 따지지 않더라도 앞서 살펴본 바와 같이 논리는 읽기, 듣기, 쓰기, 말하기 등 우리 언어생활의 핵심입니다. 이 네 가지 언어생활은 모두 의사소통을 위해서 하는 것인데, 의사소통이란 결국 서로 논증을 주고받는 것이기 때문입니다.

우리나라에서 건강하게 장수하는 사람들을 오랫동안 연구한 학자가 그 비결을 발표한 적이 있습니다. 무엇을 먹느냐가 아니라 어떻게 먹느냐가 건강에 훨씬 더 영향을 많이 끼친다는 것이었습니다. 사람들은 보통 몸에 좋은 음식이 무엇인지 알려고 애쓰고 그 음식을 손에 넣기 위해 갖은 노력을 기울입니다. 몸에 좋다면 아무리 비싸도 개의치 않을 정도입니다. 그 음식만 먹으면 만수무강할 것이라고 믿기 때문입니다. 하지만 실제로는 정해진 시간에 규칙적으로 적게 먹는다면 무엇을 먹든 그다지 관계가 없다고 합니다.

여기서 우리는 논리와 관련된 힌트를 얻을 수 있습니다. 먹는 것으로 치자면 논리는 '무엇'에 해당할까요, 아니면 '어떻게'에 해당할까요? 아마도 '어떻게'일 겁니다. 앞서 나온 말하기, 듣기, 쓰기, 읽기가 '무엇'에 해당하겠지요.

사람은 의사소통을 위해 무엇인가를 합니다. 읽고 쓰고 듣고 말하지요. 이 언어생활들은 중요합니다. 이런 행위를 하지 않으면 아예 자기 의사가 남에게 가닿을 수 없으니까요. 하지만 장수

하는 비결과 마찬가지로 더 중요한 것은 언어생활을 '어떻게' 하느냐입니다. 그리고 우리는 그 답을 알고 있지요. 즉 '논리적으로' 해야 한다는 겁니다. 그와 더불어 한 가지 더 기억해 두면 좋겠지요. 논리적이되 상대를 배려해야 합니다. 그래야 비로소 다른 사람과 제대로 의사소통할 수 있습니다.

차근차근 준비해서
자기주장을 펼쳐 봅시다

말하기에는 두 가지 종류가 있다고 했지요. 하나는 다른 사람과 실시간으로 의사소통하는 '대화'이고, 다른 하나는 자기주장을 정리해서 말하는 '연설' 또는 '발표'입니다. 발표하라고 하면 떠는 친구들이 많지요? 그럴 때는 철저한 준비가 필요합니다. 가령 '나를 반장으로 뽑아 줘.'라는 주제를 봅시다. 먼저 머릿속에 떠오르는 두서없는 근거와 자료들을 정리해야겠지요. '나의 장점'과 '공약'으로 나누어 메모해 볼까요? 차분히 쓰다 보면 적절하지 않은 근거들도 눈에 띕니다. 그런 근거들을 빼고 다듬어 자기주장을 탄탄하게 하면 자신감이 생길 겁니다.

반장으로서 나의 장점

– 나는 성실한 편이다. (근거: 결석을 한 적이 없다.)

– 반장을 해서 생활 기록부 점수를 높이고 싶다.

– 통솔력이 있다. (근거: 전에도 여러 번 반장을 해 봤다.)

– 우리 부모님이 학부모회 임원이다.

나의 공약

– 봄 소풍 장기 자랑에서 다른 반보다 두각을 보일 수 있도록 미리 준비하겠다.

– 반 아이들에게 햄버거를 나눠 주겠다.

– 떠드는 아이의 이름을 적지 않겠다.

– 한 달에 한 번씩 반에서 생일 파티를 열겠다.

6

마음껏 상상하라, 단 논리적으로!

상상할 수 없는 것,
동그란 세모

어느덧 늦가을에 접어들었습니다. 따사롭던 햇볕이 날로 힘을 잃어 가고, 겨울을 예감케 하는 낙엽도 하나둘 눈에 띄기 시작하는군요. 두 친구가 대화를 나누며 걸어갑니다. 학교에서 학원으로 가는 짧은 시간 동안, 민준이와 주원이는 진지하게 이야기를 나눕니다.

민준 메시랑 마이클 조던 중에 누가 더 위대한 선수 같아?

주원 뭔 소리야?

민준 그냥 물어보는 건데, 메시하고 조던 중에 누가 더 위대하냐고. 선수로서 말이야.

주원 난 메시.

민준 왜?

주원 난 축구 팬이잖아. 농구는 잘 몰라.

민준 그래도 비교를 좀 해 봐.

주원 야, 비교할 걸 비교해야지. 축구랑 농구는 종목이 달라, 종목이.

민준 그래도 억지로 비교한다면?

주원 야, 그만해. 축구는 발로 하고 농구는 손으로 하는데 어떻게 비교하냐? 그럼 내가 물어볼게. 해리 포터랑 아이언맨이랑 대결하면 누가 이기겠냐?

민준 난 아이언맨.

주원 왜?

민준 그야 더 멋있으니까.

주원 어휴, 못 말린다.

어른들은 여러분에게 이것저것 상상해 보라고들 하지요. "마음껏 상상해 보세요." "상상을 현실로 만드는 것이 바로 여러분의 미래입니다." 이와 비슷한 말을 많이 들어 봤지요?

그런데 막상 상상력을 키우려면 힘이 듭니다. 아무거나 상상하라지만 좀처럼 떠오르는 게 없지요. 그리고 기껏 상상한 것을 말해도 그것은 상상이 아니라 공상이라고 면박을 받기 일쑤입니다. 도대체 상상력이란 무엇일까요?

우리는 민준이처럼 해리 포터와 아이언맨의 대결도 상상할 수 있고, 축구 선수인 메시와 농구 선수인 조던을 비교할 수도 있습니다. 하지만 실제로 이런 상상에 어떤 의미가 있을까요?

불을 뿜는 옥수수, 하늘을 나는 강아지, 말을 하는 컵 등을 생각해 볼까요. 평범한 옥수수는 절대로 불을 뿜지 않습니다. 분명한 사실이지요. 그런데 옥수수와 불을 머릿속에서 연결한다면 어떨까요? 그래도 특별히 문제가 생기지는 않습니다. 그걸 어떻게 알 수 있느냐고요? 머릿속으로 그런 그림을 떠올릴 수 있고, 스케치북에 그려 볼 수도 있잖아요. 바로 그것입니다. 우리가 상상할 수 있다는 증거이지요.

그렇다면 상상할 수 없는 것이 있을까요? 우리는 이미 동그란 세모라는 예를 알고 있습니다. 앞서 했던 이야기를 다시 한 번 떠올려 봅시다.

동그란 세모는 아무리 상상하려 해도 안 됩니다. 불을 뿜는 옥수수, 하늘을 나는 강아지, 말하는 컵 따위는 상상할 수 있지만 동그란 세모는 그려지지 않습니다. 상상이 안 되니 실제로 그릴 수도 없습니다. 이런 것을 '논리적 모순'이라고 합니다.

어디서 본 기억이 나지요? 맞아요, 1장 '생각에도 길이 있다'에 나왔던 내용입니다. 동그란 세모는 상상할 수 없습니다. 왜 안 될까요? 논리적으로 모순이기 때문입니다. 아무리 애써도 동그란 세모를 그릴 수는 없습니다. 동그랗다는 이미지와 세모나다는 이미지를 도저히 연결할 수가 없으니까요.

앞서 이것을 '논리적 모순'이라고 했는데, 다른 말로는 '논리적으로 가능성이 없다.'라고 표현하기도 합니다. 가능성에는 크게 세 가지가 있습니다. 논리적 가능성, 이론적 가능성, 기술적 가능성. 어떤 의미인지 바로 와 닿지 않을 테니 예를 들어 설명하겠습니다.

영화 '해리 포터' 시리즈를 본 적 있나요? 첫 번째 편에서 마법학교로 출발하기 위해 아이들이 기차역에 모이는 장면이 나옵니다. 그런데 기차역의 기둥 속으로 사람이 사라져 버리지요. 실제로 사람이 멀쩡한 벽으로 아무런 흔적 없이 들어가 버릴 수 있나요? 불가능하지요. 그리고 사람이 벽 속으로 아무런 상처 없이 들어간다는 게 기술적으로 가능한가요? 특수한 옷을 입든 주문을 외우든, 어떤 방법을 써서 벽 속으로 들어갈 수 있을까요? 별로 가능성이 없어 보입니다. 이럴 때 '기술적 가능성이 없다.'라고 말합니다.

그렇다면 벽을 통과해서 다른 세계로 들어간다는 것이 이론적으로는 가능할까요? 물리학의 어떤 이론도 이런 일이 가능하다고 말해 주지 않습니다. 적어도 지금으로서는 그런 것 같군요. 결국 해리 포터의 세계에서 일어난 일은 '이론적 가능성이 없다.'라고 할 수 있습니다.

해리 포터가 펼쳐 보이는 세계는 '논리적 가능성'만 있는 곳입니다. 기술적이든 이론적이든 실제로 일어날 가능성은 없지만, 머릿속에 '마법이 가능하다.'라는 전제만 있다면 빗자루를 타고 하늘을 날아다니며 구기 시합을 한다는 상상은 얼마든지 가능합니다.

논리적 가능성에 대한 다른 예도 들어 보겠습니다. 하늘에서 비처럼 음식이 쏟아진다면 어떻게 될까요? 그런 영화도 있긴 했지요. 제목이 '하늘에서 음식이 내린다면'이었습니다. 어쨌든 하늘에서 음식이 쏟아져 내리는 일은 현실에서 일어나지 않습니다.

상상은 할 수 있지만 실제로는 일어나지 않겠지요. 만에 하나 하늘에서 음식이 우수수 쏟아져 내린다 해도 그걸 먹을 수 있을까요? 아이스크림은 땅에 닿자마자 사방으로 흩어져서 금세 녹을 테고, 햄버거 역시 형체를 알아볼 수도 없게 뭉개질 겁니다. 녹아버린 아이스크림, 뭉개진 햄버거를 먹을 수는 없는 노릇입니다.

기술적으로나 이론적으로는 불가능하지만 논리적 가능성의 세계라면 어떨까요? 지금 당장 상상해 봅시다. 하늘에서 아이스크림이 둥실둥실 내려와 사뿐히 착지하는 장면, 그 아이스크림을 맛있게 먹는 사람들, 그리 어렵지 않게 머릿속으로 떠올릴 수 있을 겁니다. 그러니 논리적 가능성의 세계에서는 모두 가능한 일입니다.

다만 조심해야 할 점이 있습니다. 어떤 가능성의 세계에서 벌어지는 이야기에 서로 충돌하는 내용이 나오거나 맞지 않는 설정이 끼어들면 안 됩니다. 해리 포터가 갑자기 아이언맨처럼 과학의 도움을 받아 사건을 해결한다면 작품의 일관성이 떨어지지 않겠습니까? 해리 포터의 세계에서 벌어지는 일은 논리적 가능성만 있을 때 가장 자연스러울 겁니다.

마찬가지로 아이언맨이 갑자기 마법을 부려 주문을 외우더니 뿅 하고 사라지면 뜬금없겠지요. 다시 말하자면 각각의 캐릭터는 자기 세계에서 살 때 자연스럽습니다. 상상 속 세계라고 해서 함부로 옮겨 다닐 수는 없습니다.

아이언맨은
마법을 쓸 수 없다

아이언맨은 마법을 쓸 수 없지만 과학 기술에 정통하고, 해리 포터는 과학이 아닌 마법을 배우기 위해 학교에 갑니다. 그리고 이러한 틀은 끝까지 흔들리지 않지요. 논리란 이처럼 일관성을 말하는 겁니다. 해리 포터의 세계에서는 마법의 논리가, 아이언맨의 세계에서는 과학의 논리가 지켜져야 합니다. 논리가 깨지든지 다른 엉뚱한 논리가 끼어들면 이야기 자체가 흔들리니까요. 이는 우리가 하는 상상에서도 마찬가지입니다.

상상력이란 자신의 상상이 어디에 속하는지 정하고 그 세계에 맞춰 논리를 펼쳐 갈 줄 아는 능력입니다. 불을 뿜는 옥수수, 해

리 포터의 빗자루, 아이언맨의 갑옷, 하늘에서 쏟아져 내리는 음식, 날아다니는 강아지…… 이런 이미지를 상상하는 것 자체는 그리 어렵지 않

습니다. 상식적으로 연결되지 않는 이미지
를 머릿속으로 그리는 정도는 여러분도 해
본 적 있을 겁니다. 어느 날 내가 세계적인 가
수가 되었다. 텔레비전에 나가 수많은 팬 앞에서 한 시간 동안 히
트곡을 부른다. 아, 얼마나 좋을까! 이런 상상 말입니다.

　현실에서는 불가능한 일이더라도 얼마든지 상상할 수 있지만
이것이 완결된 상상력이 되려면 그것을 실마리 삼아 이야기를
완성할 수 있어야 합니다. 날아다니는 강아지를 예로 설명해 보
지요. 강아지가 하늘을 날아다니는 것은 기술적으로
나 이론적으로 불가능할 겁니다. 강아지가 날 수 있
게 해 주는 장치도 없고, 생물학적으로도 강아지에게
는 날개가 없으니까요. 하지만 논리적 가능성의 세계에서는 날
수 있습니다. 머릿속으로 떠올릴 수 있으니까요.

　여기까지는 어렵지 않습니다. 지금부터가 문제입니다. 자, 날
아다니는 강아지는 과연 무엇을 할 수 있고 무엇을 해서는 안 될
까요? 날 수 있는 강아지가 갑자기 위기에 처했다고 합시다. 이
럴 때 죽어라 뛰어서 도망치는 모습을 상상해서는 안 되겠지요.
하늘을 날 수 있는데 뭐하러 뛰겠습니까? 논리적으로 일관성이
없지요.

그럼 다른 강아지들도 날 수 있나요? 이것은 선택 사항입니다. 내가 이야기를 어떻게 꾸려 갈 것인가에 따라서 달라지겠지요. 특별한 무엇인가가 있어서 주인공 강아지만 날 수도 있으니까요. 게다가 그 강아지가 말을 할 수도 있겠지요. 어쨌든 이런 모든 것을 결정해서 일관성 있게 이야기를 끌어가는 것이야말로 온전한 상상력입니다.

어떤 사람이 키가 160센티미터이고 몸무게가 50킬로그램이라는 정보만으로는 체력이 좋은지 아닌지 알 수 없습니다. 체력은 테스트를 해 봐야 알지요. 전속력으로 100미터를 달려 보고 팔굽혀 펴기도 해 보고 오래달리기도 해 보고 산에도 올라가 봐야 비로소 알 수 있습니다.

이처럼 모든 인간은 몸을 지니고 있지만 그것이 곧바로 체력을 의미하지는 않습니다. 이와 마찬가지로, 상상할 수 있다고 해서 곧바로 상상력이 내 것이 되지는 않습니다. 머리를 써서 이런저런 상상을 하고, 한 편의 일관된 이야기를 만들 수 있어야 비로소 상상력을 손에 넣을 수 있습니다.

상상의 나래를 펴는 일은 무척 중요합니다. 틀에 얽매이지 않고 엉뚱한 상상을 하다 보면 새로운 것을 만들 수도 있으니까요. 하지만 상상은 단순한 이미지에 그치는 게 아니라 하나의 작품을 이루어야 합니다.

그러기 위해서는 논리를 배워야 합니다. 논리에 대해 잘 알수록 자신의 상상이 논리적 가능성, 이론적 가능성, 기술적 가능성 중 어디에 속하는지 분명하게 보입니다. 그러면 흔들림 없이 상상의 일관성을 유지할 수 있고, 결국 더욱 논리적인 이야기로 완성할 수 있지요. 논리를 바탕으로 상상력을 키웠을 때, 마침내 새로운 것까지 만들어 낼 수 있습니다.

논리 없는 창의력은
팥 없는 찐빵

새로운 것을 만들어 내는 일은 왜 중요할까요? '새로운 것'이 결국 이 세상을 바꾸어 놓기 때문입니다. 무인 자동차가 도로를 누비고 집집마다 로봇이 있다면 지금과는 전혀 다른 삶이 펼쳐지겠지요. 지금 인기 있는 직업이 없어지고 새로운 직종이 생기면 사람들의 생활 방식도 많이 바뀔 겁니다.

새로운 것을 만들어 내는 힘, 즉 창의력을 발휘하는 방법에는 크게 두 가지가 있습니다. 하나는 기존의 상식에 도전하는 것입니다. 다른 하나는 이론적 가능성을 따지는 것이고요. 그리고 이 두 가지 방법에서 논리는 중요한 역할을 맡고 있습니다. 먼저 기존의 상식에 도전할 때 논리가 어떤 역할을 하고 어떻게 작동하는지부터 알아보겠습니다.

왜 기존의 상식에 도전하는 데서 새로운 것이 태어날까요? 새삼스럽게 물어봤지만 사실 답은 빤합니다. 이미 존재하는 무언가를 새롭게 바꾸는 것도 창의력에 해당합니다. 그리고 그러기 위해서는 당연히 기존의 상식에 도전부터 해야 하지요.

예를 들어 지금까지는 사람이 운전대를 잡고 차를 몰아야만 자동차가 움직인다는 것이 상식입니다. 하지만 새로운 자동차는 아예 운전대가 없을 수도 있습니다. 지금 한창 개발 중인 어떤 무인 자동차는 스스로 운전을 제어할 수 있어 운전대도 브레이크도 없고 '출발'과 '정지' 버튼만 있다고 하네요. 기존의 상식에 도전하고 있는 것이지요.

역사적으로도 기존의 상식에 도전해서 크게 이름을 떨친 경우가 많습니다. 그중 하나는 여러분이 잘 아는 피사의 사탑 실험입니다. 갈릴레오 갈릴레이가 피사의 사탑에서 무거운 물체와 가벼운 물체를 동시에 떨어뜨렸는데, 무거운 물체가 더 빨리 떨어진다는 상식을 깨고 두 물체가 같은 속도로 낙하했다는 거지요. 재미있게도 이 실험에 얽힌 일화는 나중에 만들어진 것입니다. 갈릴레이가 비슷한 실험을 하기는 했지만 피사의 사탑에서 하지는 않았다고 하지요. 아, 물론 이 실험의 결과 자체는 잘못되지 않았습니다. 낙하 속도는 질량과 관계없으니까요.

피사의 사탑 이야기가 비록 지어낸 것일지언정 갈릴레이가 무거울수록 빨리 낙하한다는 당시의 상식을 뒤집은 것은 사실입니다. 이외에도 갈릴레이처럼 상식을 뒤집는 발견을 한 과학자는 여럿 있지요. 천동설에 맞서 지동설을 주장한 코페르니쿠스, 모든 물체는 서로 끌어당긴다는 만유인력의 원리를 발견한 뉴턴, 갈라파고스 제도에서 진화론의 실마리를 찾아낸 다윈. 이들의 이론은 처음 공개되었을 때만 해도 이런저런 반박에 부딪혔지만 수백 년이 지난 지금까지 살아남아 교과서에도 실려 있습니다. 그렇다면 어떻게 이들의 주장이 모든 사람에게 받아들여졌을까요? 기존의 상식에 도전해서 새로운 것을 만들어 냈기 때문이라고 간단하게 정리하자니 뭔가 부족해 보입니다.

과연 지구가 우주의 중심이 아닐지 모른다는 의심을 코페르니쿠스가 최초로 했을까요? 다윈 이전에는 신이 인류를 창조한 게 아닐지도 모른다고 생각한 사람이 아무도 없었을까요? 그들이 최초로 기존의 상식에 도전했다고 딱 잘라 말하기는 어렵습니다.

누군가 한 명쯤은 비슷한 생각을 한 사람이 있었을지도 모르니까요. 그렇다면 갈릴레이, 코페르니쿠스, 뉴턴, 다윈은 무엇이 달랐던 걸까요? 그들은 기존의 상식에 도전해서 새로이 발견한 사실을 처음 '논리적으로' 설명해 냈습니다. 바로 실험과 관찰, 계산이라는 도구를 이용해서 말이지요.

그저 기존의 상식과 다른 내 생각을 늘어놓기만 해서는 남을 설득할 수 없습니다. 사람들은 자기가 믿고 있던 것을 좀처럼 바꾸려 들지 않거든요. 그러니 근거를 갖추고 논리적으로 기존의 상식이 잘못되었음을 설득해야 합니다. 과학자들은 실험, 관찰, 계산 등을 활용해서 새로운 이론을 설명했지요.

지금껏 과학에 대입해서 말했지만 다른 분야에서도 마찬가지입니다. 기존의 상식에 도전해서 새로운 것을 만들어 내는 과정의 마지막 단계는 논리적으로 남에게 전달하는 것입니다. 그래서 다른 사람이 내가 만들어 낸 것을 받아들여야 비로소 창의력에도 진정한 의미가 생깁니다. 다음 대화를 읽으며 어째서 논리적으로 전달하는 것이 중요한지 생각해 봅시다.

서윤 　있잖아, 너 조선 시대에 수레나 바퀴가 없었다는 거 알아?

민지 　뭐, 정말? 말도 안 돼. 내가 드라마에서 봤는데, 귀양 갈 때 달구지 타고 가던데.

서윤 그건 드라마니까 그렇지. 드라마는 픽션이잖아. 허구, 가짜!

민지 야, 그래도 사극은 달라. 다 고증을 하잖아.

서윤 너 실학자 박제가라고 들어 봤어? 그 사람이 쓴 『북학의』라는 책에는 조선에 바퀴와 수레가 없어서 경제가 발달하지 못한다고 쓰여 있대.

민지 오, 너 엄청 유식한데? 그렇지만 너도 들은 얘기잖아. 네가 직접 본 건 아니잖아.

서윤 그럼 타임머신이라도 타야 하니? 박제가 말고 박지원이 쓴 『열하일기』에도 나온대.

민지 에이, 그래도 설마 수레가 없었겠어? 고구려 벽화에도 나오잖아. 너도 고구려 벽화 배웠지?

서윤 그건 그런데, 그럼 임진왜란 때 왕이 왜 가마 타고 피란 갔겠어? 마차가 있었으면 당연히 마차 탔을 것 아냐. 빨리 가고 편하잖아.

민지 음, 그런가?

사람들은 으레 조선 시대에 수레나 바퀴를 다들 사용했을 것

이라고 생각합니다. 그런데 서윤이는 사용하지 않았다고 주장합니다. 민지가 알던 기존 상식에 도전한 것이지요. 만약 서윤이의 주장이 사실이라면 민지는 새로운 지식을 얻게 됩니다. 그리고 이 지식은 민지가 조선 시대를 떠올릴 때 이전과 다른 모습을 그리게끔 도와주겠지요. 수레와 바퀴에서 비롯된 작은 생각이 일종의 창의적인 작업으로 연결되는 겁니다. 앞서 말했듯 전에 없던 무언가를 창조해 내는 일만이 창의적인 것은 아닙니다. 이미 알던 것을 새롭게 바꾸는 일도 창의적인 작업입니다.

그런데 서윤이는 자기주장이 옳다는 것을 어떤 논리적 방식으로 주장하고 있습니까? 서윤이가 쓴 방법은 '귀납법'이라고 부릅니다. 귀납법이란 낱낱의 사실들을 그러모아서 일반적인 결론을 이끌어 내는 방법입니다. 예를 들어 '지수는 학교생활에 성실하지 못하다.'라는 주장을 한다고 합시다. 이때 귀납법을 쓴다면 지수는 지각을 자주 한다, 숙제를 안 한다, 수업 시간에 떠든다, 사고를 쳐서 교무실에 불려 간다 등 주장을 뒷받침하는 여러 증거를 제시해야 합니다.

앞서 서윤이도 여러 예를 들어 조선 시대에 바퀴와 수레가 없었다고 민지를 설득했지요. 서윤이의 근거는 다음과 같습니다.

XXX
X 166
XXX

달려라 논리 1

1. 박제가의 『북학의』에 조선에는 바퀴와 수레가 없다고 나온다.

2. 박지원의 『열하일기』에도 그런 내용이 나온다.

3. 임진왜란 때 임금은 굳이 가마를 타고 피난을 갔다.

∴ 조선에는 바퀴와 수레가 없었다.

실제로 조선 시대에는 소나 말을 키우는 데 비용이 많이 들고 길도 잘 닦여 있지 않아 마차가 널리 쓰이지는 못했습니다. 아무튼 이렇게 논리적으로 설득해야 상대방이 받아들일 가능성이 생깁니다. 아무리 상식을 뒤집는 기발하고 참신한 내용이더라도 논리적으로 구성해서 많은 사람을 설득하지 못하면 그냥 내 의견만 몰아붙이는 우격다짐에 그치고 맙니다. 창의력은 '엉뚱한 생각'만을 뜻하지 않습니다. 오히려 창의력이란 상식적인 생각을 할 줄 아는 능력에서 비롯됩니다. 생각의 문을 열어 두고 폭넓게 사고하다가 상식과 다른 점이 보이면 치밀하게 분석하는 겁니다. 그 끝에 발견한 새로운 무언가를 논리적으로 다른 사람들에게 퍼뜨린다면 비로소 창의력은 의미를 지니게 됩니다. 기존의 상식에 도전하는 데 굳이 기상천외한 발상이 필요하지는 않습니다. 열린 자세로 세상을 대할 줄 알고, 논리적으로 생각할 줄 알면 누구든 창의적이 될 수 있습니다.

병 속에 든 뇌?

앞서 창의력은 이론적 가능성을 따져 봤을 때도 발휘된다고 했습니다. 지금부터 그에 대해 알아보지요. 현재의 기술로는 불가능하지만 이론적으로는 가능한 일들, 우리는 영화에서 가장 흔하게 이런 일들을 접합니다.

혹시 「매트릭스」「맨 인 블랙」「토탈 리콜」 같은 SF 영화를 본 적이 있나요? 이와 비슷하게 미래를 상상한 영화나 드라마는 수없이 만들어졌습니다. 외계인이 나오거나, 기계가 사람의 기억을 조작하거나, 우리가 보는 모든 것이 환상이라고 말하기도 하지요. 이런 SF 영화는 일단 볼거리가 많고 화려합니다. 저런 일이 어떻게 있을 수 있느냐고 생각하다가도 꽤 그럴듯해서 나도 모르게 영화에 빠져들지요. '그럴듯하다.'라는 느낌을 받는 건 이 영화들이 이론적 가능성을 바탕으로 하고 있기 때문입니다. 기술이 계속해서 발전하면 언젠가는 일어날 수도 있는 일이라는 거지요. 그런데 기발해 보이는 이런 영화의 아이디어는 뜻밖에 간단한 사고 실험에서 비롯되기도 한답니다.

사고 실험이라는 게 무엇이냐고요? 실제로 하는 실험이 아니고 머릿속으로, 이론적으로 하는 실험을 말합니다. 일단 두 친구의 이야기를 들어 보고 설명을 이어 가겠습니다.

서윤 너, 진짜 사람 맞아?

민지 헉, 너 왜 이래? 어디 아픈 거야?

서윤 아니, 텔레비전을 보니까 사람 모양을 한
외계인이 나오더라고. 아주 그럴듯해. 그래서
혹시 너도 외계인일지 모른다는 생각이 드네.

민지 그래? 그럼 먼저 네가 진짜 사람이라는 걸 증명해 봐. 영화 보니
까 보통은 그런 걸 물어보는 사람이 가짜더라.

서윤 혹시 우리 둘 다 가짜가 아닐까? 자기는 진짜라고 믿고 상대방은
의심하게끔 외계인이 입력해 놓은 거 아닐까?

민지 그럼 서로 꼬집어 보자. 꿈인지 생시인지.

서윤 야, 그래 봤자 소용없을걸. 전부 조작이면 꼬집어도 모르지. 아픔
도 느끼게 프로그램되었다면 어떡할래?

민지 그러네. 그럼 어떻게 알 수 있을까?

만만치 않은 문제네요. 우리가 진짜 사람인지 어떻게 알 수 있
을까요? 실제로 힐러리 퍼트넘이라는 철학자가 이 문제를 제기
했습니다.

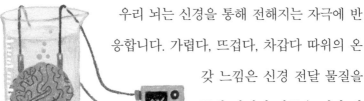

우리 뇌는 신경을 통해 전해지는 자극에 반응합니다. 가렵다, 뜨겁다, 차갑다 따위의 온갖 느낌은 신경 전달 물질을 통해 전해진 자극을 뇌가 받아들인 것이지요. 그래서 이론적으로 보면 모든 자극을 읽어 낼 수 있습니다. 왜냐하면 신경 전달 물질은 일종의 화학 물질이고, 뇌가 받는 자극이란 전기 신호라고 볼 수 있기 때문입니다. 아직은 마땅한 방법이 없지만 기술이 발전한다면 절대 불가능한 일은 아니지요. 그러니 뇌를 읽어 낸다는 것은 이론적 가능성의 영역에 속하는 생각입니다.

그런데 이런 자극을 모두 알고 있는 존재가 있다고 가정해 봅시다. 손쉽게 외계인이라고 할까요. 이 외계인은 인류보다 과학이 발달해서, 우리 뇌의 모든 것을 알고 있습니다. 그래서 이렇게 자극하면 저렇게 반응한다는 걸 전부 아는 데다 맘대로 조작할 기술도 갖고 있는 겁니다.

이런 외계인이 인간의 뇌를 컴퓨터와 연결합니다. 뇌는 병 속에 들어 있고 컴퓨터와 선으로 연결되어 있습니다. 그리고 외계인은 컴퓨터를 조작해서 인간의 뇌가 특정 이미지를 떠올리게 합니다. 지금 학교에 가야 한다는 자극을 주면 뇌는 실제로 그렇게 믿고, 심지어 지금 열심히 달려가고 있다고까지 생각할 겁니다.

여러분은 헐레벌떡 달려갑니다. 지각할까 봐 서두르는 바람에 땀에 흠뻑 젖었습니다. 불행히도 이미 교문 앞에는 지각한 학생들이 여럿 붙잡혀 있습니다. 그런데 사실 여러분은 모두 병 속에 든 뇌일 뿐입니다. 뛰지도 않았고 땀을 흘리지도 않았고, 외계인이 조작한 대로 뇌만 활동했습니다.

자기가 병 속에 든 뇌가 아니라는 사실을 어떻게 확신할 수 있나요? 이 사고 실험에 따르면 우리가 진짜 사람인지 답을 찾을 수 없을 겁니다. 꼬집어서 아픔을 느끼는 것도 이미 조작된 신호에 의한 결과일 테니까요.

'병 속에 든 뇌' 사고 실험은 엄청난 영향을 끼쳤습니다. 내가 보는 이 현실이 실제와 다를 수 있다는 아이디어는 이후 숱한 영화와 드라마에서 아주 다양하게 나타났지요. 그런데 이 실험에서 주목할 점은 모든 추론 과정이 매우 논리적이라는 사실입니다. 우리가 병 속에 든 뇌가 아닐까 하는 의심은 이미지를 쉽게 떠올릴 수 있습니다. 그리고 컴퓨터와 연결해서 모든 정보를 뇌에 제공한다는 상상은 이론적 가능성의 문제입니다. 이론적으로는 가능한 일이니 우리보다 기술이 앞선 존재가 있다면 어떨까? 머릿속에서 이렇게 논리적인 실험을 전개한 겁니다.

그저 설정이 기발하다고 그럴듯한 SF 영화가 만들어지는 것은 아닙니다. 아무리 참신해도 관객을 설득하지 못하면 허무맹랑한 이야기에 그칠 뿐이지요. 매력적인 SF 영화의 바탕에는 실감 나는 사고 실험이 자리하고 있습니다. 그리고 사고 실험이 실감 나는 것은 이론적 가능성을 철저하게 논리적으로 따져 본 덕이지요. 결국 이론적 가능성에서 비롯되는 창의력에도 논리는 빠뜨릴 수 없는 요소인 것입니다.

혹시 『장자』에 나오는 '나비의 꿈' 이야기를 알고 있습니까? 장자가 어느 날 낮잠을 잤는데 꿈에서 나비로 변했습니다. 꿈에서 깬 장자는 "내가 나비가 된 것인가, 나비가 내가 된 것인가?" 하고 자문했지요. 이는 꿈과 현실을 어떻게 구분할 수 있느냐고 물어본 것입니다.

물론 사람이 나비가 되거나 나비가 사람이 되는 것은 기술적으로든 이론적으로든 가능하지 않습니다. 그렇다면 왜 이 이야기를 꺼냈을까요? 가능성의 세계가 왜 중요한지 말하기 위해서입니다. 가능성의 세계를 탐구하다 보면, 생각의 범위가 넓어질 뿐 아니라 자기 자신과 세계에 대해서까지 고민할 수 있습니다.

예를 들어 병 속에 든 뇌의 이야기를 알고 나면 '내가 지금 보고 있는 세계란 실제 세계일까?' 하는 물음을 떠올리게 됩니다. 우리가 열광하며 본 SF 영화 등은 창작자가 그 이론적 가능성의 세계를 탐구한 끝에 내린 자기 나름의 대답이라고도 할 수 있지요.

장자의 꿈도 마찬가지입니다. 사람이 나비가 되고, 나비가 사람이 된다는 것은 오직 논리적으로만 가능할 뿐이지요. 하지만 이 이야기를 파고들다 보면 결국 '자기 자신과 세계를 구분하는 것은 무엇일까?' 하는 물음에까지 다다를 수 있습니다.

보이는 것, 만져지는 것, 들리는 것만이 세계의 전부는 아닙니다. 넓게 보면 상상할 수 있는 것들도 세계의 일부입니다. 그리고 이 가능성의 세계에 관심을 기울일 때, 우리는 창의력에 눈을 뜨는 것은 물론 좀 더 철학적인 문제들로 나아가게 될 겁니다.

소설에도
논리가 필요하다

지금까지 상상력과 논리의 관계, 창의력과 논리의 관계를 알아봤습니다. 그런데 눈에 보이는 것들이 아니다 보니 약간 어려워했을 듯도 하군요. 좋습니다. 이번에는 우리가 실제로 접하는 것을 다루겠습니다. 바로 상상력과 창의력의 결과물, 소설입니다.

논리와 소설은 어쩐지 어울리지 않아 보입니다. 소설은 재미있는 이야기 같은데, 논리는 딱딱한 수학처럼 보이기 때문이겠지요. 황순원의 단편소설 「소나기」 또는 우리 고전 『춘향전』을 읽을 때 사람들이 논리를 따져 묻지는 않을 겁니다. 줄거리, 주인공, 대사와 배경 묘사 같은 것을 주로 보겠지요.

『춘향전』을 보면 성춘향과 이몽룡이 만나는 장면마다 사랑이 넘쳐 나지 않습니까? 몽룡이 거지꼴을 하고 왔어도 춘향은 반갑게 맞이합니다. 진정한 사랑을 확인하는 장면이지요. 「소나기」에 등장하는 여자아이의 애틋한 마음도 마찬가지입니다. 입고 있던 옷 그대로 묻어 달라는 소녀의 유언은 한동안 잊지 못할 장면이 되어 우리 마음을 사로잡지요.

이런 감동적인 이야기에서도 논리를 찾아야 하나요? 이렇게 묻는 여러분 목소리가 들리는 듯하네요. 소설을 감명 깊게 읽으면 됐지 굳이 오류를 찾고 논리적인가 아닌가 따질 필요가 있느냐는 것이지요. 맞는 말입니다. 소설을 읽을 때마다 하나하나 논리를 따지고 오류를 샅샅이 뒤질 필요는 없겠지요.

하지만 만약 내가 소설을 쓴다면 어떨까요? 미래에 작가가 될 수도 있지 않겠습니까. 언제까지나 독자로만 남아야 한다는 법은 없으니까요. 그렇다면 작가는 반드시 논리를 알아야 할까요? 결론부터 말해서 작가는 아주 치밀하게 논리적으로 이야기를 씁니다. 주인공의 성격을 일관성 있게 하는 것은 물론이요, 사건 구성도 논리적이 되게 만들고 대화에서도 인물들이 논법을 주고받게 합니다. 작품 구석구석에 논리의 흔적이 묻어 있지요.

의외라고요? 하지만 문학 작품을 분석해 보면 명백히 알 수 있습니다. 소설가는 작품을 예술로서 완성하려고 하지만 그 바탕이 되는 논리적 작업도 소홀히 하지 않습니다.

재산 상속을 둘러싼 비극을 그린 셰익스피어의 희곡 『리어 왕』을 예로 들어 소설 속 논리에 대해 살펴봅시다. 이 작품은 셰익스피어의 4대 비극 중 하나로 잘 알려져 있습니다. 그가 16세기에 태어난 사람이니 벌써 사백 년도 넘은 이야기군요. 하지만 그의 작품들은 지금도 세계 각지에서 숱하게 공연되고 있습니다.

여러분은 나중에 부모님이 얼마나 재산을 물려주실지 생각해 본 적 있나요? 아직은 어려서 별생각이 없을지도 모르겠네요. 그런데 요즘 신문이나 텔레비전 뉴스를 보면 재산 상속 문제로 부모와 자식이 갈등을 빚는 경우가 많지요. 형제자매끼리 다투고 심지어는 폭력 사건이 벌어지기도 합니다. 너무 경제적인 것만 우선하는 현대인의 병이라고 말하기도 하지요.

그런데 사실 재산 상속 문제는 꽤 오래전부터 있던 갈등입니다. 오히려 그때는 재산뿐만 아니라 권력까지 얽혀 있었습니다. 옛날에는 왕이 죽으면 누가 왕위를 잇느냐 하는 문제로 형제끼리 목숨을 내놓고 겨루기도 했으니까요.

상속 얘기가 길어졌네요. 다시 『리어 왕』으로 돌아와 봅시다. 어떤 면에서 이 작품이 논리와 관련이 있을까요? 이야기는 리어 왕이 세 딸을 불러 왕국의 통치권과 영토를 나눠 주겠다고 선언하면서 시작됩니다. 그런데 조건이 있었습니다. 하나는 왕국을 물려줄 테니 자신을 잘 모시라는 것이고, 다른 하나는 아버지를 얼만큼 사랑하는지에 따라 차이를 두어 나누어 주겠다는 것입니다.

정리하면 자신을 가장 깊이 사랑하는 딸에게 가장 넓은 영토를 내주겠노라고 말한 겁니다. 딸들은 앞다투어 경쟁을 벌입니다. 리어 왕은 딸들에게 얼마나 아버지를 사랑하는지 그 자리에서 표현하면 직접 판정하겠다고 했습니다.

큰딸 고너릴과 둘째 딸 리건은 자기들이 얼마나 아버지를 사랑하는지 온갖 좋은 말을 늘어놓았습니다. 그러자 리어 왕은 매우 흡족해하면서 왕국의 3분의 1씩을 두 딸에게 나눠 줬지요. 그런데 막내 코딜리어는 자신은 할 말이 없다고 해서 아버지의 분노를 삽니다. 그리하여 코딜리어는 추방되고 비극이 시작됩니다. 어떻게 끝나느냐고요? 결말을 알려 주어도 될까요? 리어 왕도, 세 딸도 모두 죽음을 맞습니다. 이 이야기는 결말보다 중간 과정이 훨씬 흥미진진합니다. 그러니 아직 안 봤다면 나중에 꼭 읽어 보기 바랍니다.

여기서는 리어 왕과 코딜리어가 과연 어떤 논리적 잘못을 저질렀기에 이런 비극으로 치달을 수밖에 없었는가 하는 점을 탐구하려 합니다. 리어 왕은 논리적 오류를 깨닫지 못한 탓에 어리석게도 비극으로 곤두박질치고 말았습니다. 그리고 셰익스피어는 이렇게 논리적 오류를 저지르는 인물을 창조해서 명작을 완성해 냈습니다.

리어 왕은 재산 상속과 효도에 대해 이렇게 생각했습니다. '재산을 나누어 주면 자식들이 효도를 할 것이다.' 여기에 대해 조금도 의심하지 않았지요. 그래서 부하인 켄트 백작이 말려도 소용이 없었습니다. 그런데 이 믿음이 참입니까? 정말로 재산을 나누어 주면 자식이 효도를 하나요?

불행히도 이 믿음은 거짓입니다. 재산을 물려받아도 효도를 하지 않는 경우가 비일비재하기 때문입니다. 재산을 얻기 전까지는 부모의 비위를 맞추고 잘 보이려 애쓰다가 일단 재산을 받으면 남처럼 돌아서는 자식들이 많습니다. 씁쓸하지만 예나 지금이나 그런 사람이 있지요.

리어 왕의 비극은 이 잘못된 믿음이 출발점입니다. 물론 잘못을 바로잡아 주려고 한 사람도 있었습니다. 앞서 말한 대로 켄트 백작이 말렸고, 특히 막내딸 코딜리어는 아버지의 논리를 정면으로 반박했지요. 부모에게 효도하는 것은 재산 때문이 아니라, 그것이 인간으로서 도리이기 때문이라고 말했거든요.

부모는 자기를 낳고 기르며 사랑을 베풀어 주었기 때문에 자식으로서 그에 합당하게 보답하는 것이 의무라는 말입니다. 효도에는 정답이 없겠지만 코딜리어의 대답은 썩 정답에 가까워 보입니다. 상속 따위와 상관없이 자식으로서 마땅히 해야 하는 일이라는 거지요. 하지만 이런 코딜리어의 대답을 듣고도 리어 왕은 자기의 믿음이 잘못되었음을 알아차리지 못합니다.

그런데 재미있는 것은, 이렇게 똑 부러지는 코딜리어가 이해하기 어려운 오류를 저질러서 아버지의 진노를 산다는 점입니다. 구체적으로 코딜리어가 아버지에게 어떻게 말했는지 한번 볼까요?

코딜리어 언니들이 아버님만 사랑한다 말할 거면
         남편들은 왜 있지요? 제가 만일 결혼하면
         제 서약을 받아들일 그분은 제 사랑과
         걱정과 임무의 절반을 가져갈 것입니다.
         전 분명코 언니들처럼 아버님만 사랑하는
         결혼은 절대로 않겠어요.

뭔가 이상한 점을 발견했나요? 마지막 문장을 유심히 봅시다. "아버님만 사랑하는 결혼"이라는 말이 나오는데, 좀 이상하지 않나요? 아버님만 사랑하는 결혼이라는 말이 도대체 무슨 뜻일까요? 그럼 언니들은 남편을 전혀 사랑하지 않는다는 건가요?

코딜리어는 아버지에 대한 사랑과 남편에 대한 사랑을 구별하지 않고 있습니다. 자기 안에 사랑은 한 종류밖에 없으며 절반을 남편에게 준다면 아버지에게는 나머지 절반밖에 주지 못한다고 말한 거지요. 그런데 정말 그럴까요? 얼핏 생각해도 좀 의아하지요. 똑같이 '사랑'이라고 쓰지만 두 경우는 성질이 좀 달라 보입니다.

아버지에게 드리는 사랑은 부모에 대한 공경의 의미가 강할 겁니다. 그에 반해 남편에게 주는 사랑은 남녀 간의 애정과 신의에 가깝겠지요. 나중에 여러분이 결혼을 한다고 해서 배우자를 사랑하는 만큼 부모님에 대한 사랑이 줄어드는 건 아니지 않습니까? 부모님은 부모님대로, 배우자는 배우자대로 사랑하겠지요.

하지만 코딜리어는 두 가지 사랑의 성질이 다르다는 것을 전혀 눈치채지 못하고 말았습니다. 미묘한 의미 차이를 몰라서 오류를 피하지 못했고, 결국 비극이 시작된 겁니다. 코딜리어가 저지른 잘못을 논리학에서는 '애매어의 오류'라고 부릅니다. 한 단어에도 여러 뜻이 있을 수 있는데 그것을 파악하지 못해 생기는 오류이지요. 오류에 대해서 본격적으로 살피는 건 나중의 일이지만 이왕 말을 꺼낸 김에 좀 더 알아볼까요? '애매어의 오류'를 대표하는 예가 있습니다.

> 모든 사람은 죄인이다.
>
> 죄인은 감옥에 가야 한다.
>
> 따라서 모든 사람은 감옥에 가야 한다.

척 봐도 이상하지요? 모든 사람이 감옥에 가야 한다니, 뭐가 잘못되었나요? '죄인'이 두 번 나오는데 각각 나타내는 의미가 조금 다르지요. "모든 사람은 죄인이다."에서 죄인은 종교적이고 상징적인 의미입니다. 정말로 모두 범죄자라는 뜻이 아니고요. "죄인은 감옥에 가야 한다."에 나오는 죄인이 바로 재판에서 유죄 판결을 받은 범죄자를 가리키는 말이지요.

죄인이라는 단어는 같지만 서로 다른 뜻으로 쓰였는데 한 단어처럼 취급하면 '애매어의 오류'를 저지르게 됩니다. 같은 단어이지만 서로 다른 뜻인데 하나의 뜻처럼 사용하면 생기는 잘못을 이렇게 말한답니다.

서윤과 민지 두 친구가 입씨름을 하고 있습니다.

서윤　모르는 게 약이래. 그런 말 들어 봤지?

민지　응.

서윤　그리고 약은 몸에 좋잖아.

민지　그렇지. 그런데 왜?

서윤　그럼 몸에 좋으니까 난 계속 모르는 채로 있어야겠다.

민지　뭐라고?

이 경우 서윤이는 약이라는 단어의 뜻이 두 가지로 쓰인다는 걸 알면서도 일부러 애매어의 오류를 저질렀습니다. 적절한 상황에 맞춰 쓴다면 일종의 재치라고 할 수 있겠지요. 자, 여러분도

"아는 게 힘이다."라는 문장 등으로 이런 대화를 만들어 보는 건 어떨까요?

셰익스피어는 오류를 이용해 『리어 왕』을 시작했습니다. 물론 그는 이것이 오류인 줄 당연히 알고 있었지요. 알고 있었기에 더 자신 있게 오류를 이용했고, 그 덕에 인간의 어리석음이 빚는 비극이 더욱 극적으로 완성된 겁니다. 『리어 왕』에는 욕망 때문에 사리 판단을 그르치는 인간의 약점이 잘 드러나 있습니다.

셰익스피어가 논리에 대해 매우 잘 알고 있었다는 것은 『햄릿』 『맥베스』 『오셀로』 같은 그의 다른 작품들을 보면 더욱 분명해집니다. 모든 극의 구조가 치밀하게 논리적으로 전개되거든요.

이처럼 상상력과 창의력이 마음껏 발휘되는 문학 작품의 바탕에도 역시 논리가 자리하고 있습니다. 작가는 논리를 이용해 줄거리를 구성하기도 하고, 잔재미를 주기도 하며, 작품 전체가 일관성 있도록 이야기를 이끌어 갑니다. 논리가 탄탄하고 견고할수록 작품의 설득력이 높아집니다. 논리와 반대편에 있는 줄 알았던 문학 작품도 논리의 세계에 포함됩니다. 혹시 여러분도 소설가를 꿈꾸고 있다면, 그 첫걸음으로 논리의 세계에 발을 들이는 것도 좋은 선택입니다.

다른 사람과 얼굴을 바꾼다면
인격도 바뀔까?

여러분, 자기 얼굴이 다른 사람과 바뀐다고 상상해 본 적 있나요? 잘생기거나 아름다운 연예인과 얼굴이 바뀌었으면 좋겠다고 바란 적은 있을지도 모르겠네요. 만약에 얼굴을 다른 사람과 바꾼다면 어떤 일이 벌어질까요? 혹시 인격도 변하지는 않을까요? 물론 실제로 이런 일이 일어날 리는 없습니다. 현재의 기술로는 불가능하지요. 하지만 이 의문 역시 사고 실험의 소재가 될 수 있습니다. 바로 사람의 얼굴은 마음을 지배하는가 하는 고민이지요.

비슷한 소재를 다룬 할리우드 영화도 있습니다. 영화 「페이스 오프」에서는 범죄자와 형사가 첨단 기술의 힘을 빌려 서로 얼굴을 바꿉니다. 얼굴이 바뀌니 가족들조차 제대로 알아보지 못하고 스스로도 자신이 누구인지에 대해 고민하지요. 다행히 영화의 결말에서는 모든 사건이 해결되고 형사는 자기 얼굴을 되찾아 가족의 품으로 돌아갑니다.

그런데 이 영화는 일본의 소설가 아베 고보가 쓴 『타인의 얼굴』이라는 소설에서 영감을 얻었다고 합니다. 이 소설의 주인공은 실험실에서 사고를 겪고 얼굴을 잃은 뒤에 인간의 피부와 똑같은 가면을 쓰게 됩니다. 그리고 역시 가면을 쓴 자신이 누구인지 혼란스러워하지요. 여러분도 한번 얼굴과 내면의 관계에 대해 사고 실험을 해 보면서 친구들과 토론하는 건 어떨까요?

7

논리적이되 예의 바르게

논리와 예의

사람들은 오랜만에 만나면 잠시 이야기를 나눈 뒤, "또 보자." 라고 말하곤 합니다. 우연히 스쳐 지나가거나 전화 통화를 하다 가 "조만간 만나서 밥이나 먹자."라고도 하지요. 여러분도 그런 일이 종종 있지 않나요? 그런데 실제로 나중에 만나서 밥을 먹는 경우는 그리 많지 않습니다. 만나고 싶은 마음이 없었던 것은 아 니겠지요. 대체로는 이러저러한 일이 겹쳐서 못 만나게 되었을 뿐입니다.

그렇다면 정말로 다시 만나서 밥을 먹으려면 어떻게 해야 할까요? 먼저 시간과 장소부터 정해야 합니다. 아무리 만날 마음이 있어도 시간과 장소가 정해져 있지 않다면 좀처럼 실행에 옮기기 어렵거든요. 큰 틀에서 약속을 잡자고 마음먹었으면 그다음에는 구체적으로 실천해야 합니다.

논리도 이와 마찬가지로 한 단계씩 실천해야 합니다. 이 책에서는 우선 논리가 왜 필요한지, 어디에 쓸모가 있는지 알아보았습니다. 논리는 의사소통뿐 아니라 상상력과 창의력을 발휘하는데도 큰 역할을 합니다. 게다가 소설이나 희곡 같은 문학 작품의 토대도 되었지요. 이 책을 읽고 논리에 대해 흥미가 생기고 더 알고 싶다고 마음먹게 되었다면 좋은 출발점에 선 셈입니다.

마음의 준비가 끝났으면 그 다음은 구체적인 내용을 습득해야 합니다. 시간과 장소를 정해야 실제로 만날 수 있듯이 구체적인 논법과 오류를 배우고 익혀야 일상생활에서 논리를 사용할 수 있지 않겠습니까? 읽기와 쓰기, 말하기와 듣기에서 어떤 것이 오류이고 어떤 논증이 좋은지를 따질 수 있어야 합니다. 그러기 위해서는 앞서 조금씩 언급했던 오류와 논법을 하나씩 배워 자기 것으로 만들면 됩니다. 구체적인 사례를 살펴보면서 논리를 배우고 그것들을 실제로 적용해 봅시다.

그래야 내 생활에 영향을 미칠 수 있고, 나아가 사고방식도 좀 더 논리적으로 변할 테니까요.

그 전에 다시 한 번 되새길 점이 있습니다. 의사소통을 할 때는 논리적이되 예의 바르게 해야 한다는 것입니다. 논리는 상대방을 곤경에 몰아넣거나 자기가 똑똑하다고 자랑하려고 배우는 게 아니니까요. 논리는 모두 함께 살아가는 사회, 좀 더 나은 공동체를 만들기 위한 도구입니다. 사회는 많은 사람이 지혜를 모으고 좀 더 좋은 방향을 찾아 합의했을 때 비로소 발전하는 법이거든요. 이 과정에서 논리적인 의사소통은 필수입니다. 하지만 앙상한 논리만 남기고 예의를 빼먹어서는 안 됩니다. 모든 의사소통은 사람 사이에서 벌어지는 일이고, 사람은 감정에서 완전히 자유로울 수 없기 때문이지요. 그러니 상대를 존중하는 마음으로 예의를 지켜야 토론과 합의가 원만하게 이루어질 수 있습니다. 뭐, 어렵게 얘기하지 않더라도 예의 없는 사람은 별로 상대하고 싶지 않은 게 당연하니까요.

논리적이되 예의 바르게, 이 점을 잊지 않고 의사소통을 하면 여러분의 논리가 더욱 빛날 겁니다.

달려라 논리

달려라 논리 1: 모든 길은 논리로 통한다

초판 1쇄 발행 • 2014년 11월 14일
초판 3쇄 발행 • 2017년 3월 16일

지은이 • 탁석산
펴낸이 • 강일우
책임편집 • 정소영
펴낸곳 • (주)창비
등록 • 1986년 8월 5일 제85호
주소 • 10881 경기도 파주시 회동길 184
전화 • 031-955-3333
팩시밀리 • 영업 031-955-3399 편집 031-955-3400
홈페이지 • www.changbi.com
전자우편 • ya@changbi.com

ⓒ 탁석산 2014
ISBN 978-89-364-5843-0 03170
ISBN 978-89-364-5979-6 (전3권)